10万円から始める
高配当株投資術

坂本彰

あさ出版

はじめに

２０１６年、日銀はマイナス金利政策を発表、導入しました。

マイナス金利政策を発表後、個人向け国債の金利は固定3年、5年、変動10年ともに0・05％まで下がってしまいました。

仮に１０００万円預けていたとしても、1年後に受け取れる利息はたったの５０００円。さらにここから税金が引かれるため、最終的に受け取れるお金は約４０００円となります。夫婦でランチに行けば使い果たしてしまう金額にしかなりません。

これは由々しき事態です。

さらに今後、人口減少、少子高齢化社会の到来により、ＧＤＰがマイナス成長となる時代がやってくる可能性も考えられます。

そうなった時、定期預金の金利は、おそらくゼロになっているでしょう。

残念ながら、お金を預けるだけで元本が保証されるうえにお金が増えていく時代は、終わりを告げる日が目前に迫っているのです。

次ページの図を見ると、この流れが必然であることがわかるでしょう。

10年ごとの安全資産金利推移

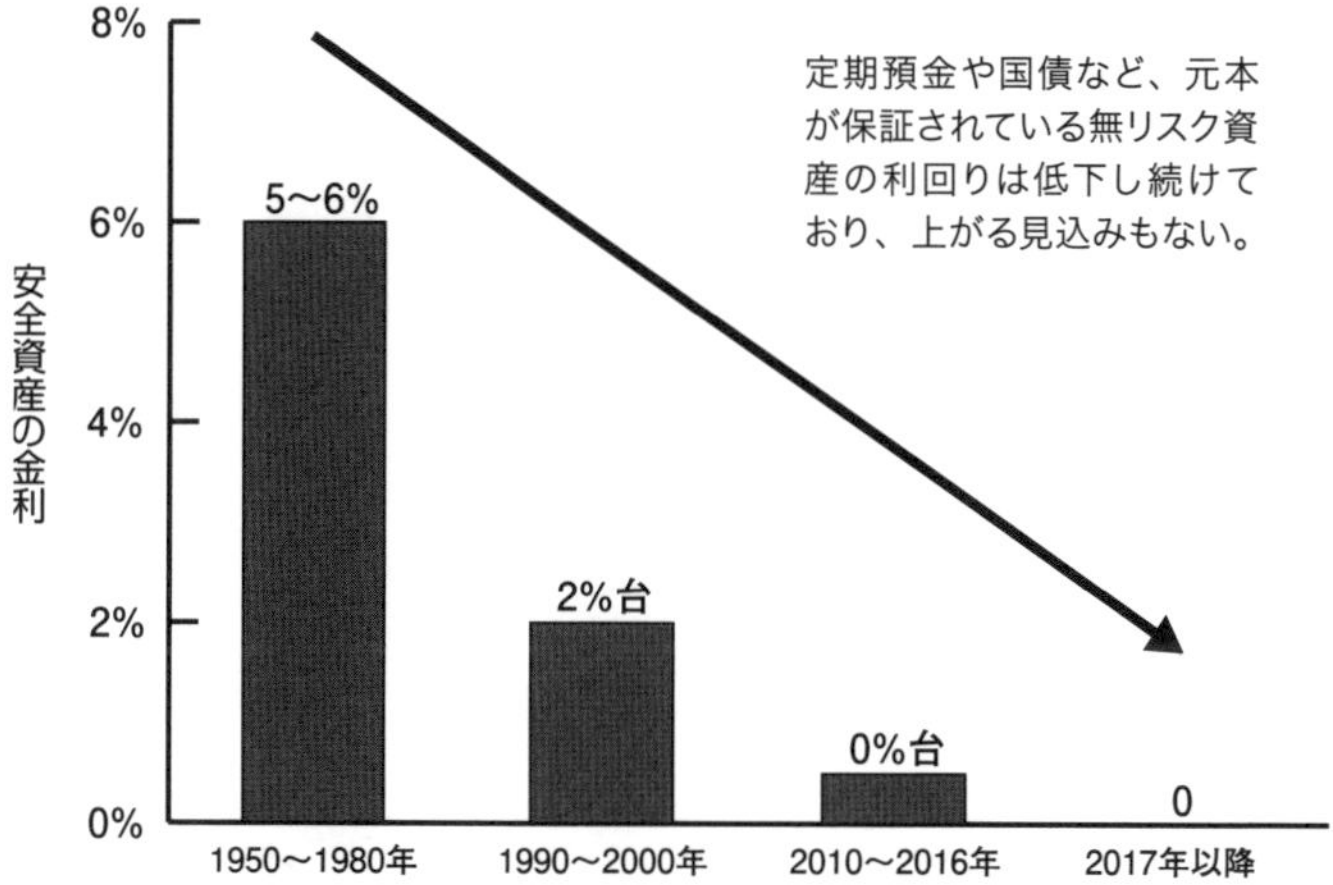

※1950〜1980 年代　高成長、高金利時代
1990〜2000 年代　低成長、低金利時代
2010〜2016 年　ゼロ成長、ほぼゼロ金利時代
2017 年以降〜　マイナス成長、ゼロ金利時代到来

こうした背景から、最近新たに投資を始める人が増えています。

それはとてもいい風潮だと思います。

株式投資こそ、あなたの人生を好転させるいちばん身近なチャンスだからです。

お金持ちになる人は、次の3つのうちどれか、もしくは複数を実践している人がほとんどです。

1　自分のビジネス
2　不動産
3　株式

1と**2**は手元資金が数百万から数千万円必要になりますし、失敗した場合のリスクや損害も非常に大きいため、誰もができるわけではありません。

しかし、株式投資は数万円から始めることができます。気軽にやりながら経験を積み、株式投資のスキルを上げていけばいいのです。

私も実際、11万円から株式投資を始め、2016年9月には株式資産が6000万円になり、定期預金等を含めた金融資産は1億円を超えました。受取配当金だけで年間100万円超となっています。

「どうしたら、坂本さんのように資産を着実につくることができますか？」

最近よく、このような質問をいただきます。

あえてお伝えするとしたら、次の2つでしょう。

●「買ってはいけない商品」に手を出さないこと

「買ってはいけない商品」とは、損をする可能性が高いものです。

資産を着実に増やしていくには、損は大敵です。商品選びを間違えてしまうと、せっかく資産を増やしても、1つの銘柄の損によってすべて台無しになってしまうこともあります。

商品の選び方については、あとでお話しさせていただきます。

●「高配当株」を活用していること

私の株式資産のうち半分程度は「高配当株」という種類の株です。

「高配当株」とは、株価に対する配当金の利回り（「配当利回り」という。計算方法は7ページ参照）が高い株のことを指します。明確な基準はありませんが、配当利回りが3％以上あれば「高配当株」に分類されます。

国債や定期預金など、安全資産は利息がほとんどつかないのが現状です。配当利回りの高い株式に投資をすれば、3％や4％など、国債では考えられないような高い配当金がもらえます。

100万円で利回り3％の高配当株に投資すれば、年間3万円の配当金を受け取ることができます。売却益も含めれば、株式投資のリターンは安全資産と別次元です。

さらに高配当株は、本文で紹介している「3つのIN」（純利益・増配・タイミング）に注目することで、株式市場全体の上昇、下落、どちらのシナリオでも勝ち抜けることができます（配当金が増えることを増配という）。

もちろん株式投資はリスク商品ですから、定期預金や国債と違って元本が目減りするリスクもありますし、投資先が倒産することで、資産がゼロになるという怖さもあります。

そのうえで、正しい知識や運用法を学ぶことでリスクを減らしながら、資産を拡大させていこうというのが、本書の狙いです。

受取配当金実績

年度	受取配当金（単位は円）
2011	219,339
2012	371,106
2013	476,336
2014	639,738
2015	750,630
2016	1,103,650

※配当利回りは、「１株配当金　÷　株価」で計算する。
株価が 1000 円で１株配当金が 30 円の場合、
配当利回りは３％になる。

参考までに、私の受取配当金実績は、7ページのとおりです。

2011年度は約22万円でしたが、5年後の2016年には110万円まで増加、さらに、株主優待券や商品券などは、これとは別に数万円単位でいただいています。

本書では、株式投資で成功する投資先として「高配当株」の投資ノウハウや株式の選び方、傍目から見たら投資対象になりそうな金融商品および株式であっても、専門家から見ると買ってはいけないもの、ここなら資産運用に適しているという投資先をお話ししています。

私は現在、投資顧問業を経営していますが、残念ながら同業者の金融商品取引法（いわゆる金商法）違反の事例を金融庁や日本投資顧問業協会から多数聞いています。また、15年を超える株式投資の経験や投資顧問業を通じて見出した「買ってはいけない株」「買ってはいけない投資信託」の見つけ方も紹介していますので、ぜひ参考にしてください。

人は、経験から学びます。反復練習しながら少しずつ上達していきます。

しかし投資の場合、間違った経験をするということは、あなたのお金が減る、損失を出すことに直結します。

それは、とてももったいないことです。

たとえ1万円でも、損をしてはいけません。

あなたが投資で成功するために最も重要なことは、人の経験を学び、同じ失敗を避けることです。

株式投資はリスク商品ではありますが、リスクをよく理解し、リスクを避けながら投資をすることで、お金を今より効率よく、大きく増やすこともできます。


働かずに年に100万円が得られる生活——。

ちょっと想像してみてください。

国内および海外旅行には何度も行けるでしょうし、ブランド品を買ってもすぐになくなるような金額ではありません。よほど贅沢をしない限り、**今得ているお金にプラスして100万円が毎年入ってくる生活**は、考えている以上に余裕が生じます。

あなたも幸せな投資家生活を目指していきましょう。

2017年4月

坂本　彰

第1章

株で着実に資産をつくるために知っておくべき7つのこと

第2章

勝ち組投資家が絶対に手を出さない「買ってはいけない株」

第3章

勝ち組投資家が絶対に手を出さない「買ってはいけない業種」

第4章

すべてのシナリオで勝ち抜ける投資法

～有望な高配当株の見極め方～

第5章 高配当株で1億円儲けるためにすべきこと

■参考文献

『ピーター・リンチの株で勝つ』
ピーター・リンチ／ジョン・ロスチャイルドほか　著（ダイヤモンド社）

『配当政策の実証分析』
石川 博行 著（中央経済社）

『敗者のゲーム』
チャールズ・エリス　著（日本経済新聞出版社）

『LIFE SHIFT（ライフ・シフト）』
リンダ グラットン&アンドリュー スコット　著（東洋経済新報社）

『資産が危ない！　2017年金融大崩落　別冊宝島』
國重惇史／木下晃伸　著（宝島社）

プロローグ

意外と知らない手数料の落とし穴

金融機関は手数料で儲けを出している

投資は得をすることもありますが、損をすることもあります。さらに思わぬ落とし穴もあります。

今でこそ1億円超の資産を手にしている私も、たくさんの落とし穴に出会ってきました。落とし穴の大きな要因の一つが、金融機関、証券会社の手数料ビジネスです。

2014年7月に発表された「金融モニタリングレポート」の中の「投資信託販売業務態勢」の項目に、販売姿勢の問題点が次のとおり記載されていました（「金融モニタリングレポート」とは、金融庁が銀行や証券会社などの金融機関からヒアリングやアンケートを行った結果をまとめたもの。2年に1回公表）。

◎銀行の投資信託販売業務については、総じて、経営は販売手数料を重視し、その観点から営業現場へのインセンティブ付与を行っている現状が報告されており、このため、2～3年の短期間での乗り換え売買が行われる傾向がみられた。

◎預かり資産に係る営業店業績評価の比重によると、全体の68％が収益・販売額へとなっており、預かり資産高や顧客基盤拡大の25％を大きく上回っていた（レポートの90ページ）。

さらに、2016年9月14日、読売オンラインニュースにて、金融庁は金融機関に対し投資信託の販売手法を抜本的に見直すよう求めるという記事が掲載されました（以下記事抜粋）。

「販売手数料が高いうえに、同じ顧客に何度も売り買いさせる『回転売買』が横行していることが、『貯蓄から投資へ』のお金の流れを妨げ、個人の金融資産が伸び悩む原因になっているとみている。

投信の販売実態について『（金融機関は）足元の利益を優先させるあまり、顧客の資産形成に貢献していく姿になっていない』と厳しく批判した。銀行に限った分析でも、2009年度からの5年間で銀行が販売した投信は約2倍に伸びたが、残高はほとんど増えていなかった。投信の販売状況を日米で比べたところ、規模の大きい5銘柄の平均では、日本の販売手数料は3・2％で、米国（0・59％）を大きく上回っていた。」

これらのことから、次のようなことが見えてきます。

1　金融機関は顧客の資産運用よりも、投資信託の買い替えによる販売手数料で儲けている

2　販売手数料の問題は少なくとも2年前より指摘されているが、改善されていない

実際、金融機関が積極的に提案する投資信託に乗り換えることで、どんな運用成績になるのかについても、同じ「金融モニタリングレポート」の「概要」に注目すべきデータが掲載されています。

19ページの図は、2003年3月末から10年間、2年ごとに、その時々に最も人気のあった投資信託に乗り換える売買を行った場合の収益状況の試算の結果です。

年平均マイナス0・3％、10年間の運用でマイナス2・8％という収益率です。

ちなみに、同期間中の日経平均株価は2003年が7972円、2013年が1万2397円、株価の上昇率は55・51％となっているため、日経平均株価と比べて大きな開き

売れ筋投資信託の2年ごとの乗り換え投資の資産

2003 年 3 月末から 10 年間、2 年ごとに、その時々に最も人気のあった投資信託に乗り換える売買を行った場合の収益状況の試算の結果。

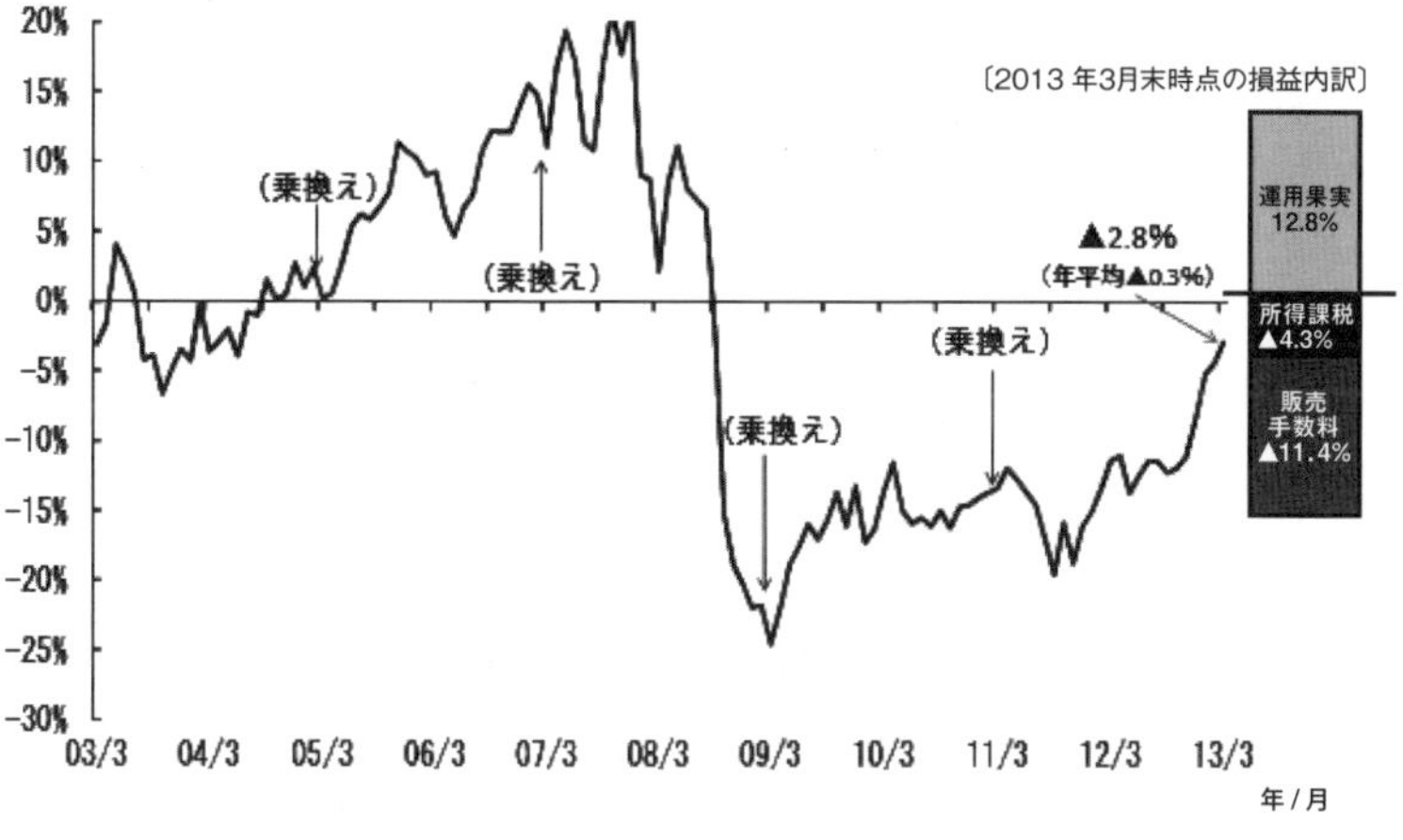

（出典）QUICK（『金融モニタリングレポートの概要（2014 年 7 月 4 日）』より抜粋）

●2013 年3月末時点の損益内訳
運用果実　12.8%
所得課税　△4.3%
販売手数料　△11.4%

※投資の期間や乗換えの頻度等により試算結果は異なることに留意する必要がある。
（注1）売れ筋投資信託は、5 行以上の銀行で取扱いのある株式投資信託のうち、月間資金流入額の最上位（直近保有商品と同じ際は次点）。
（注2）販売手数料は一律 3.15%（消費税込）、期中の分配金や譲渡益に対する課税税率は 10%として計算。分配金は再投資せず受取り。

があります。

投資信託の乗り換え売買を行った、この数字は、決していい成果とは言えません。

なぜ、日経平均株価に比べて投資信託の収益率が悪いのかというと、その原因は、手数料にあると考えられます。

「金融モニタリングレポート」でも指摘しているとおり、日本の投資信託手数料はアメリカと比べて異様に高く設定されています。

現在自主的に開示している手数料は次の3つがあります。

1　販売手数料（投資信託を購入するための手数料）
2　信託報酬（主に運用会社への報酬。※毎年かかる）
3　信託財産留保額（投資信託を解約、売却するための手数料）

手数料は投資信託ごとに異なり、低いものから高いものまでかなりの差がありますが、マイナス2・8％という結果になった投資信託の場合、10年間で元本の20～25％が手数料の支払いに割り当てられています。

その一方で株式の場合、株を買う時、売る時の2回だけしか手数料は発生しません。保有期間中は毎年かかる信託報酬もありません。

カブドットコム証券の場合、100万円の約定金額に対し、手数料は990円（税込1069円）ですし、松井証券は1日の約定代金合計が10万円以下なら無料です（2017年3月時点）。

インターネット証券の売買手数料は平均して元本の0・1％程度です。17ページに掲載した投資信託の販売手数料3・2％と比べて非常に少ないことがわかります。

つまり、「投資信託はプロが運用するため安心。投資対象を自分で選ぶ必要がないから便利」だと大事なお金を投資していると、高額な手数料がかかり、リターンを押し下げる要因になっていることがわかったのです。

☑ 手数料が損の理由になっていることも

実際、私の元には、「株式投資で儲かった」「得をした」というメールが寄せられる一方で「損をして悩んでいる」というメールも寄せられます。

損をした金額のほうが儲かった金額よりも大きくなってしまうといった、深刻な悩みを抱えている方から相談を受けることも少なくありません。

3つの投資信託に投資をして、現在2400万円損をしているという相談を受けたこともあります。

詳細まではお聞きしていませんが、元本5000万円で運用をスタートしたと仮定すると、金融機関は初年度の販売手数料だけで150万円以上を得ていることになるわけです。

私自身も実際、投資信託を購入して大きく損をした経験があります。

今から10年ほど前、投資顧問業を始める前のことですが、投資信託に45万円預けたところ、なんと約9か月で元本が半分以下になったことがありました。

当時、月末ごとに残高を記載したノートが未だに手元にあります（23ページ図参照）。

最初の月（2008年4月末・上図）こそ若干のマイナスでしたが、そこから7か月後の2009年1月末（下図）での合計はなんと24万3420円も損が出ているのです。

さらに、インド株の投資信託は2つとも資産が半分以下に、JPMロシア・東欧株ファンドは80％以上、減少しました。

リーマンショック（※）のタイミングだったため、世界中の株価が急落していましたが、

2008年4月末の保有投資信託と残高一覧

投資信託	残高（円）	損益（円）
野村6資産	49,405	−595
インド株式ファンド	49,723	−277
野村インド株投資	49,960	−40
ワールドリートオープン	103,544	+3,544
グローバル債券ファンド	99,137	−863
JPM ロシア・東欧株ファンド	97,329	−2,671
合　計	449,098	−902

2009年1月末の保有投資信託と残高一覧

投資信託	残高（円）	損益（円）
野村6資産	36,172	−13,828
インド株式ファンド	20,125	−29,875
野村インド株投資	17,837	−32,163
ワールドリートオープン	42,718	−57,282
グローバル債券ファンド	72,160	−27,840
JPM ロシア・東欧株ファンド	17,568	−82,432
合　計	206,580	−243,420

いずれも著者ノートを元に作成
商品名、略称は著者独自のもの

短期間でここまで下がるとは思ってもいませんでした。

※2008年9月15日に、アメリカ合衆国の投資銀行であるリーマン・ブラザーズが破綻(Bankruptcy of Lehman Brothers) したことに端を発して、続発的に世界的金融危機が発生した事象。

これでは一生保有を続けていても、元本が回復することはないだろうし、さらに損失が膨らむと判断し、すべての投資信託を解約しました。

解約すると損失が確定してしまうため、なかなかの勇気が必要でしたが、損切りしたことにより、これからは日本株一本でやっていこうと気持ちが固まりました。

そこで、2012年より投資顧問業(投資助言)を取得。投資助言とは、お客様との間で締結した投資顧問(助言)契約に基づいて、有価証券など(私の場合は日本株)の投資判断について助言を行います。助言業は投資信託などのようにお金を預かって運用することはできないため、投資判断はお客様自身がするのですが、企業の分析力や専門的知識を得ることで投資先を選ぶ時間を節約できるうえに株価変動による心理的な負担も軽減できるなど、個人投資家にとって投資助言を受けることには多くのメリットがあります。

助言を行う金融商品や助言方針は各社異なりますが、私は自身が実践してきた株で成功するための投資ノウハウや有望株情報（主に具体的銘柄、売買タイミングおよび目標株価など）を会員様向けに提供しています。

金融機関が手数料獲得に走る理由

投資顧問業は会社法だけでなく、金融商品取引法（以下、金商法という）も遵守する必要があります。そのため、定期的にコンプライアンスセミナーが開催されます。

２０１６年のあるセミナーでは、投資顧問業がなぜ金商法違反をするに至るのか、そのプロセスに関する話がありました。

その話を聞いて、金融機関が手数料獲得に走る理由が見えてきました。

金融機関は最初から不正行為をしたり、手数料を狙ったりするのではなく、**最初に企業の収益悪化が起こり、業績を挽回するためにリスクの高い商品を手掛けるようになるそうです。**

リスクの高い商品というのは、先ほど紹介した3種類の手数料も高くなるため、収益改善には手っ取り早いですが、高リスクであることをきちんと説明しなかったり、販売が優先となったりして、**投資先の実態やお金の流れをしっかり検証していない、もしくはリス**

クを過小評価することもあります。

なかには、株式や債券などの伝統的資産以外の「新」金融商品を販売しているケースもあるようです。

最近問題となったのが、「レセプト債」の販売です。

医療機関の診療報酬請求権を買い取った債券（レセプト債）を発行していたファンドがありました。これに大手や地場の証券会社も乗っかって販売していたのですが、ファンドと運営会社が破綻し、その後、債券を販売していた証券会社6社に行政処分が下りました。

1　儲かっていない金融機関が新しい収益源を探し
2　高い手数料収入が見込めるレセプト債を
3　リスクの高い投資先にもかかわらず、リスクを低く見積もり
4　顧客に販売した

この流れを知って感じたことは、**大きな損失を出した個人投資家が資産を回復させようと、従来よりも値動きの激しい株式や収益率の高い投資先に走るのと同じだ**ということです。

顧客の利益よりも会社の利益を優先している金融機関の事例は、山のように存在しています。

ごく一部だと信じたいですが、これが現実です。

あなたが、投資のプロだと思って信用した会社や担当者が、そうではないことだってあるのです。

お金の運用は、あなた自身が最高責任者になる必要があります。

資産運用を人に任すのではなく、自分で資産運用をすることで、あなたは次の成功者になれるのです。

第1章

株で着実に資産をつくるために知っておくべき7つのこと

01 「まさか」の出来事が「まさか」のチャンスになる

「まさか」ばかりだった2016年の株式市場

株式相場や株価は、上昇（上り坂）、下落（下り坂）のどちらかで判断しがちですが、もう1つ、忘れてはいけない坂があります。

3つめの坂、「まさか」です。

機関投資家にとっても、個人投資家にとっても、「まさか」はチャンスです。有望な会社を割安で購入できる、見逃せないタイミングでもあるのです。

「まさか」は、そうそう起きるものではありません。

しかしながら、2016年は「まさか」が2回起こりました。

イギリスのEU離脱と、トランプ氏の米国大統領当選です。

2016年の日経平均株価の推移

「Yahoo! ファイナンス」より

2016年に入ってから株価の下落傾向が続き、マイナス金利が発表された後の2月には一時的に1万5000円を割り込んだ。

その後、1万7000円台まで回復したものの、6月には英国のEU離脱ショックから1日で1286円も下がるという大暴落があった。

再び1万5000円を割り込んだ後も離脱ショックの影響が続き、1万7000円台を超えることはしばらくなかった。

次に大きな変化が起きたのが、11月9日米国大統領選挙だ。大接戦の末ドナルド・トランプ氏が勝利を収め、想定外の結果に直後の日経平均株価は大きく下落した。

米国の株価がどこまで下がるのかに注目が集まったが、大半の予想に反して米国株市場は上昇。12月に入ると再び1万9000円台まで急上昇。

2つの出来事の共通点は、事前の情報とは真逆の結果となったことです。

そして、世界中の株価、投資家に、それこそ「まさか」の影響を与えました。

それぞれ、どんな影響があったのか、見ていきましょう。

1　イギリスのEU離脱（Brexit）のケース

6月23日、英国が欧州連合（EU）に残留するか離脱するかを問う国民投票が行われました。

事前予想ではEU残留票が多数となり、離脱は起こらないという話でした。しかし実際は、離脱が決定。

翌日の日経平均株価は、経済や金融マーケットの大きな動揺により1200円以上もの大暴落となりました。

2　トランプ氏の米国大統領当選のケース

11月9日、米国大統領選挙が行われました。

Brexitの時と同じく、事前予想ではヒラリー・クリントン氏が勝利するという意見が大半でした。大統領選前日の新聞でも、ヒラリー氏の平均支持率は46・8％で、トランプ氏の支持率43・6％を上回っていると報じられています。

ところが、実際、開票が始まると、トランプ氏の優勢が伝えられます。ちょうど日本の株式市場が開いている時間帯（午前9時から午後3時）だったため、トランプ氏の当選確率が高くなるとともに日経平均株価は大きく下落、9日の終値は前日比900円以上もの急落となりました。

トランプ氏の勝利が決まった後、米国の株価がどこまで下がるか注目が集まりましたが、大半の予想に反し米国株市場は上昇。翌日の日経平均株価も1000円以上上昇し、前日の下げを一気に取り返しました。

「まさか」は何の前触れもなく起こる可能性があります。

どんなに周到にリサーチしても常に正解が得られるわけではありません。株式市場も同じです。

こういった予期せぬ事態が発生した時、投資家はどう対応していくのかについては本章の7（60ページ）でお話しします。

02 日本の株価とアメリカの株価には深い関係がある

常にNYダウが注目される理由

ＮＹダウの変化は日経平均株価を大きく左右するため、投資をするうえで常に注目すべきでしょう。

ＮＹダウ（ニューヨークダウ。ダウ平均株価とも呼ばれる）とは、米国の代表的な株価指数のことで、米国を代表する優良な30銘柄（株式とほぼ同じ意味）を選出し、指数化したものです（ちなみに、日経平均株価は、東京証券取引所第一部上場銘柄のうち、市場を代表する２２５銘柄で構成される株価平均指数のこと）。

米国の株価がなぜ注目されるのか？

それには、次の３つの理由があります。

1　日経平均株価の採用銘柄は輸出関連会社が多い

2016年11月9日の株価が900円以上も急落した要因の1つに、日経平均株価を構成する主要銘柄が国際優良株中心であることが挙げられます。国際優良株は、優良株の中でも、特に世界中に商品やサービスを販売しているような国際的に名の通った会社の株の通称で、輸出シェアのいちばん大きい貿易相手国は米国です。

そのため、米国市場の売上や景気の影響度が非常に高く、敏感に反応します。「米国がくしゃみをすれば日本は風邪をひく」という相場の格言があるほどです。

2　マーケットの大きさ

ニューヨーク証券取引所全体の時価総額は、日本の東京証券取引所の約4倍の時価総額を誇っており、GDPと同じ程度の開きがあります（37ページ図）。NYダウは、たった30銘柄の平均で構成された株価指数ではありますが、時価総額は650兆円を超えており、東証一部に上場するすべての銘柄（約2000）の時価総額を足した額（約580兆円）を上回っています。

東京証券取引所も世界第3位ではありますが、ニューヨークに比べると小型です。

日経平均株価は、NYダウと比べて乱高下しやすいと言われますが、規模という観点から比較すると、株価の変動幅が大きくなる理由がわかるでしょう。

3　歴史の違い

NYダウは金融の中心地でもある米国の株価指数であるため、世界中の投資家から注目されています。それに加えて、日経平均株価と比べても歴史が古く参考指標としての信頼性も高いです。

日経平均株価は1960年4月の株価の基準値を1000とし、先述したように東京証券取引所第一部に上場する全銘柄の株式のうち225銘柄を対象にしています。最も知名度の高い株式指標で、民間が作成している経済指標でありながら、日本国政府の経済統計としても使われています。

かたやNYダウは、1896年5月26日に算出開始され、120年という世界で最も歴史が長い株価指数の1つです。

NYダウを構成している銘柄は、米国はもちろん世界各地で事業を展開している多国籍企業でもあることや、時代の変遷とともに構成銘柄を入れ替えてきたため、たった30銘柄

日米2国間の時価総額比較

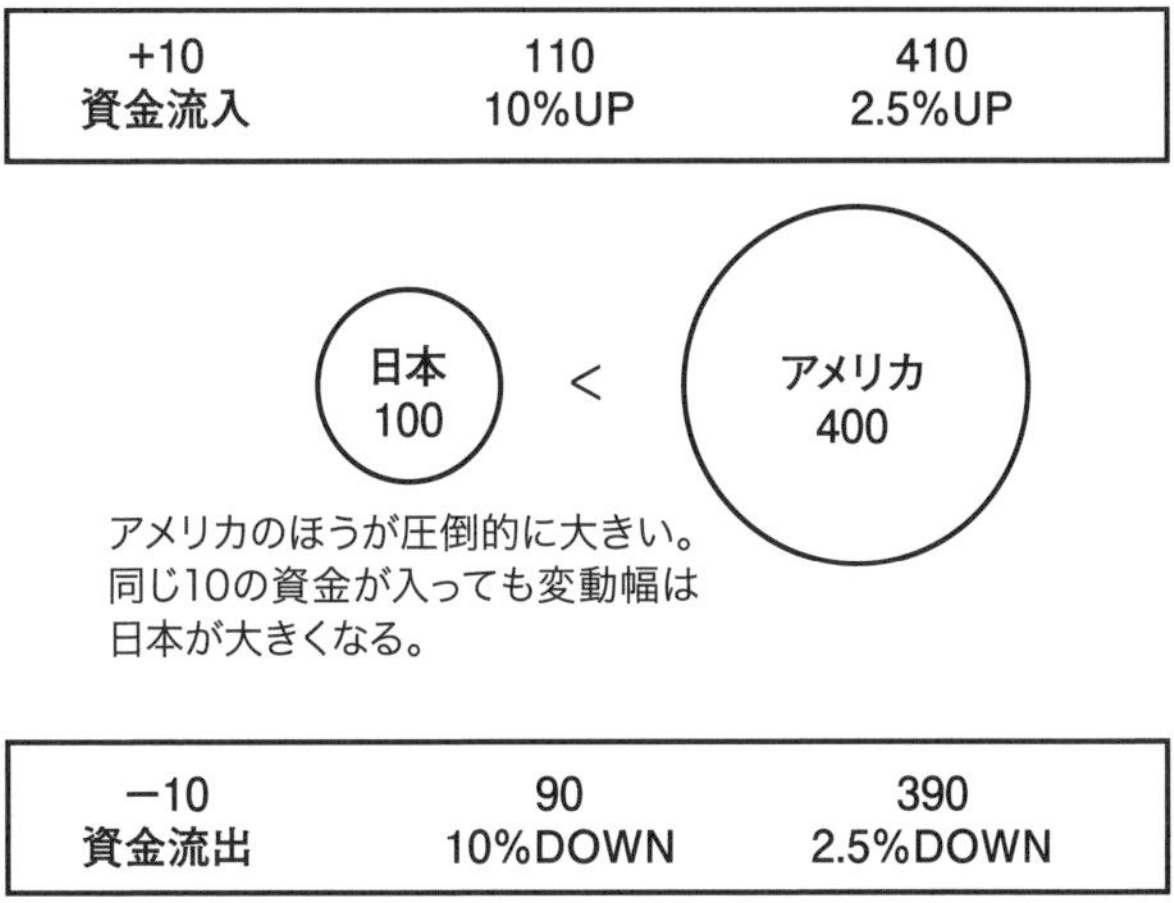

東京証券取引所の時価総額を100、ニューヨーク証券取引の時価総額を400とし、比較しやすくなるよう単純化したもの。

２つのマーケットに、新たに10の資金が入る（資金流入）と、日本は110になり10%動くが、米国は410、つまり2.5%しか変動がない。

反対に、10の資金が出ていった（資金流出）とすると、日本は90になり10%動くが、米国は390、つまり2.5%しか変動がない。

同じ資金の移動でも、規模が小さいほうが変動幅は大きくなる。

とはいえ、信頼性も常に高く世界経済を反映した指数として注目されています。

☑ 為替を先読みすることで無駄な売買を減らす

ＮＹダウに比べて日経平均株価の変動幅が大きかったり、日本株だけが大きく下落したりしていると、不安や不満に負けて、つい余計な売買をしてしまいがちです。

変動要因を事前に知っておくことで、たとえ株価下落が続く時でも冷静に判断し、感情的な売買をすることが減ります。

株価が変動する要素の１つに為替の影響があります。**為替の先読みができれば、投資先や売買タイミングを決める時、かなり有利です。**

為替を先読みする方法として「為替レート決定理論」があります（為替の決定要因となる理論をまとめて「為替レート決定理論」という）。

為替レートが決まる短期的な要因として、「ポートフォリオ・バランスアプローチ」を使います。

「ポートフォリオ・バランスアプローチ（アセット・アプローチともいう）」とは、「２国間で資産供給が相対的に増加した国の通貨は減価する」という理論です（資産供給とは、中央銀行が金融政策を通してコントロールする通貨の総量のこと)。

日本は現在「マイナス金利付き量的・質的金融緩和政策」を導入(その後、2016年9月に「長短金利操作付き量的・質的金融緩和政策」を発表)しているため、減価、つまり円安に誘導していることになります。


為替レートが決まる長期的な要因として、「購買力平価説」を使います。

「購買力平価説」とは、「国内インフレ率の上昇、あるいは外国インフレ率の相対的な低下は、自国通貨の減価をもたらす」という理論です。

インフレ率を上昇させることで、為替を円安方向に誘導し、経済を活性化させようという意図があるのです。

日本銀行(以下、日銀)は、デフレ脱却に向けて物価安定の目標として2%の設定とその早期実現を目指すことを提示してきましたが、実現には至っていません。

為替レートが動く要因を知っておくと、急変動時でも冷静に対応できるので、おさえておきましょう。

03 マイナス金利導入によって株価はどんな影響を受けるか

マイナス金利によって人気が出てくる株

２０１６年１月下旬の日銀政策決定会合で、日本初となるマイナス金利の導入が決定されました。

金利がマイナスになると投資への影響はどうなるのか、気になる人も多いでしょう。

マイナス金利の目的は、民間銀行が中央銀行に資金を預ける金利をマイナスとすることで、今まで以上に企業や個人にお金を回させることです。

マイナス金利が導入されると、金融機関はまず、国債などの無リスク資産への投資よりも社債への投資を増やします。お金を活用するには、預けておいても意味がないうえに、防犯の観点も考慮すると、どこかに移す必要があるからです。

投資先は、高配当株やJ-REIT（ジェイリート）が視野に入ってくるでしょう。

J-REITとは、日本版不動産投資信託のことで、言葉のとおり、不動産に投資するのがメインの投資商品です。投資信託という名ですが、賃貸収入が主な収益源となるため、大家さんのようなイメージです。株式と同じように4桁の証券コードがあり売買が可能ですが、配当利回り（J-REITの場合は分配金利回りという）が高く安定しているのが特徴です。

マイナス金利と企業の関係

マイナス金利になると、銀行が企業に貸し出す際の金利も必然的に低くなるため、借り入れをする企業にとってはプラス材料といえます。

さらに、個人の借り入れに対する金利も低くなるため、不動産業界、自動車などの耐久消費財を扱っている企業にとってもプラスの影響があります。

一見すると、企業、消費者、どちらに対しても好影響なように見えますが、必ずしもそうだとは言えません。たとえば銀行は、金利収入の減少によって経営が厳しくなるので、株価には注意が必要でしょう。

第4章で高配当株の見極め方についてお話ししています。参考にしてください。

04 株価動向を先読みするのに欠かせない日米の金融政策

為替の今後はどうなるのか?

米ドル/円の為替レートを振り返ってみると、2012年12月のアベノミクスが始まる以前は80円前後でしたが、2013~2015年にかけて120円台まで円安となり、2016年に入ってからは円高傾向に転換しています。

その背景にはいろいろあるのですが、転換点となったのは米国の利上げでしょう。

2015年12月16日、米国の中央銀行にあたる米連邦準備制度理事会(FRB)は金融政策を決める連邦公開市場委員会(FOMC)で、金融危機後7年間続けてきた実質的なゼロ金利政策を解除し、短期金利の指標となるフェデラルファンド(FF)金利の誘導目標を0・25から0・5%に引き上げることを決定しました(日本や米国など、その国の政策金利を引き上げることを利上げ、下げることを利下げという）。

中央銀行（日本では日銀）が一般の銀行に貸し出す際の金利を引き上げる（利上げする）と、金融機関がお金を調達する時の利息が高くなるため、必然的に企業や個人に貸し出す金利も高くなっていきます。

そのため、金利を上げると景気が悪くなるのですが、金利が低いままだとインフレ率が非常に高くなってしまうリスクも含んでいるため、インフレ率を調節する意味でも、中央銀行は利上げ、利下げを実施しているのです。

金利が上がると国債や社債がお得になる

利上げが株価にとってマイナスとなる理由は、景気への影響もありますが、債権と株式の利回り格差が縮小する、という側面にあります。

国債は無リスク資産で、ほとんど利息はつきません。社債は会社が倒産したり、支払いが滞ったりするなどのリスクは存在しますが、リスクを見極めて投資先を選べば、倒産する確率は低く、国債と比べてやや高い利息がつきます。

つまり、米国が今後、段階的に金利を引き上げた場合、「日本株式全体の配当利回りや株価上昇率」と比べて「米国金利」のリターン格差が縮小していくわけです。

たとえば、高配当株の配当利回りが3％だとしましょう。

国債の利息は1％以下となるため、圧倒的に高配当株のほうが利益は多いです。株式の売却益も考慮すると、さらに国債のリターンと株式のリターン格差（配当金も含む）が開きます。金利が段階的に引き上げられ2％や3％になると、国債の金利も上昇し、それに連動するかのように社債の金利はさらに上がっていきます。

高配当株の配当利回りが3％の据え置きで、国債の金利が2％まで上がれば、たった1％の差になります。

投資マネーといえど、安全資産のリターンが高くなると、リスク資産（日本株式など）を売却し、そのお金で米国債を買い増すという行動が予想できます。

米国の利上げは2015年に続き、2016年12月にも再び実施されました。今後も利上げペースは緩やかに進んでいくとの見方を示したことやドナルド・トランプ新大統領の効果もあり、株価は現時点で好調ですが、利上げは株価にとってマイナス材料ということを覚えておきましょう。

米国ドル／日本円　5年チャート

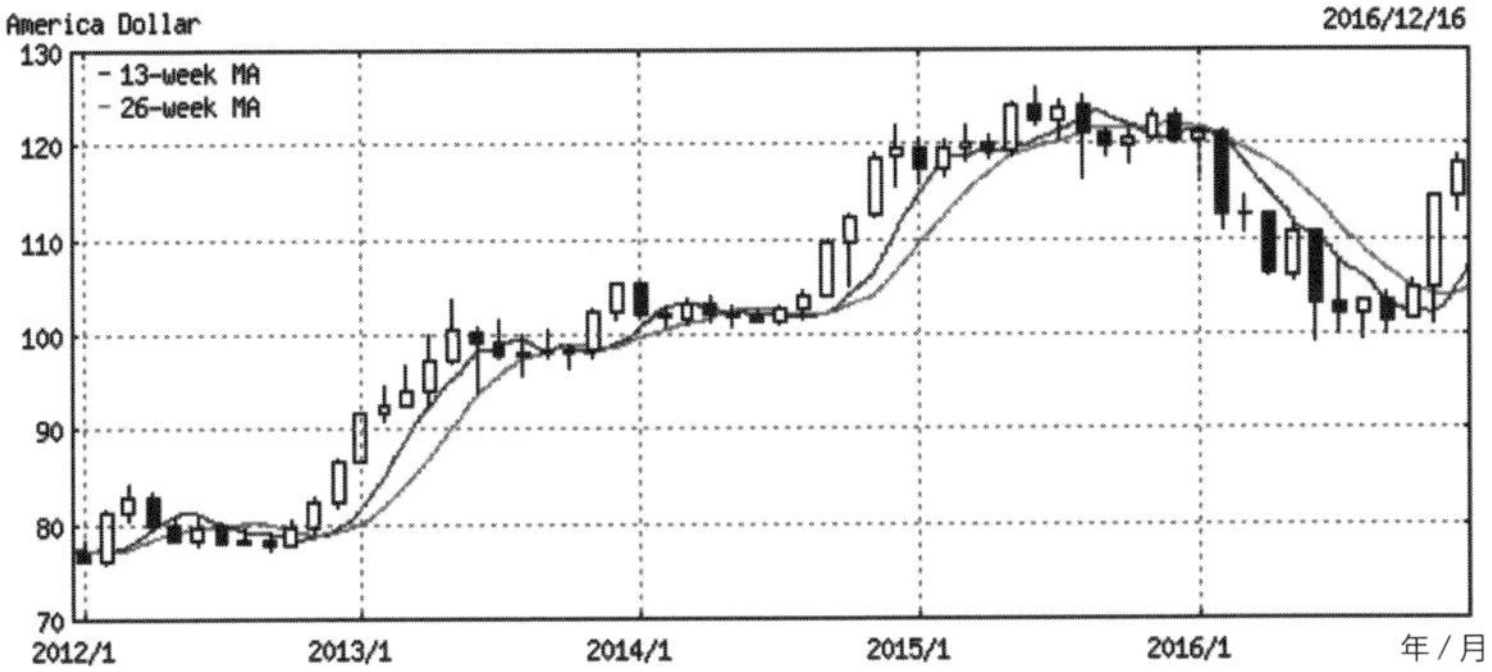

「Yahoo! ファイナンス」より

金利政策は必ずチェックを

２０１６年１月下旬、日銀政策決定会合で日本初となるマイナス金利の導入が決まりました。さらに日銀は今後、マイナス金利の追加引き下げの可能性を示唆しています。

一方で、米国は現状好景気を維持していますし、株価も回復しているため、２０１７年以降、緩やかながら金利を上げていくと思われます。

シナリオとしては、両国の金利差が拡大することが予想されます。

為替レート決定理論を前提とすると、短期的にはポートフォリオ・バランスアプローチ理論により円安方向に動くシナリオ、長期的には購買力平価説により円高に振れていくことが予想できます（現時点で、日本のインフレ率は米国のインフレ率よりやや低い程度。概ね１％程度の差ではあるが、今後は拡大していく可能性があるため、円高傾向と予想）。

金融政策は事前予想と大きな変更がなければ、為替レートや株価への影響は少ないのですが、予想外のシナリオが起こった場合、影響がすぐに反映されます。そのため、日銀やＦＲＢが発表する金利政策、マイナス金利の動きについて意識を向けていきましょう。

それでは、核となる３つのシナリオについて、それぞれ見ていきましょう。

05 株式市場の動向を決めるシナリオ①「メイン：株価上昇」

まずは日銀短観を知ろう

上場企業の決算資料には、来年度の業績予想について記載され、それを達成するための成長シナリオや経営戦略が書かれています。

政府の政策も、突発的な変化が起こる可能性を除いては、基本的に上昇するためのシナリオに基づいて考えられています。

しかし、これだけでは景気の変動や転換点をつかむことができません。客観的なデータを得ながら、先読みをしていく工夫が必要です。

景気を判断する指標はいくつもあるのですが、一般的な資料に、日銀が発表する「全国企業短期経済観測調査（日銀短観）」があります。「日銀短観（以下、短観）」には、売上高・

経常利益・生産高・受注高などの主要項目や、損益・借入金・在庫・生産設備など、多様な項目について調査をし、その結果がまとめられています。

短観の中で最も注目されるのが「D．I．」（ディフュージョン・インデックス／以下DI）です。

DIは、簡単に言うと、景気が「いい」と答えた企業の割合から「悪い」の割合を引いた値のことです。プラス100からマイナス100までの値をとり、数値がプラスならば好景気、マイナスなら不景気という判断基準となり、3か月ごとに実施され、四半期ごとに比較し景気を判断します。最新のDI（2016年12月）では、大企業製造業がプラス10となり、9月の前回調査（プラス6）を4ポイント上回り、1年半ぶりに改善しました。

また、日銀短観は、発表と同時に次の3か月間の先行きも発表されるのですが、最新の発表では、製造業がプラス8と予想されました。

プラスの発表であれば好調だと判断していきましょう。

景気を図る指標は29ある

今後の景気がどうなっていくのかを図るには、日銀短観は3か月ごとにしか発表されないため、内閣府が作成・公表している景気動向指数およびその採用系列（51ページの表）を参考にしましょう。

なんと29もあり、その中にメディアでも紹介されやすい東証株価指数（TOPIX）や完全失業率なども含まれています。

29の指標をすべて見る必要はまったくありませんが、注目していただきたいのが、一覧の上に書かれている「先行指数」「一致指数」「遅行指数」の3つです。

- 先行指数……景気に対して先に動く指数のこと　最終需要財在庫率指数、東証株価指数など
- 一致指数……景気の流れとほぼ一致して動く指数のこと　耐久消費財出荷指数、営業利益など
- 遅行指数……景気の流れより遅れて動く指数のこと　法人税収入、完全失業率など

つまり、景気の先読みをしたい場合は、先行指数を中心に見ます。

ちなみに完全失業率は遅行指数です。業績が悪化、赤字になり、それを改善するためにリストラなどを実施したり、雇用数を減らしたりする企業が増えることで失業率が高まるからです。

一方、新規求人数は、新たに働く人を募集することなので先行指数といえます（51ページ参照）。

☑ 経営者の悩みに次なる成長株のヒントがある

新規求人数は増加を続けていますが、失業率も2016年は3・1％まで低下し、リーマンショック後の5・5％から明らかに減少しています。諸外国と比べて影響は低いものの、雇用、特に飲食業は人手不足が顕著です。

私は仕事柄、企業業績をチェックするために会社四季報を読み込み、気になった会社は時間が許す限り説明会や保有株の株主総会にも出席しています。

ここ数年、経営者がこぞって口にする言葉があります。「人手不足」です。

実際、新規求人数の年間推移は、2012年度の平均73万7101人から2015年度

景気動向指数の採用系列

2016年現在

先行指数	一致指数	遅行指数
1 最終需要財在庫率指数 (逆サイクル)	1 生産指数 (鉱工業)	1 第3次産業活動指数 (対事業所サービス業)
2 鉱工業用生産財在庫率指数 (逆サイクル)	2 鉱工業用生産財出荷指数	2 常用雇用指数 (調査産業計) (前年同月比)
3 新規求人数 (除学卒)	3 耐久消費財出荷指数	3 実質法人企業設備投資 (全産業)
4 実質機械受注 (製造業)	4 所定外労働時間指数 (調査産業計)	4 家計消費支出 (勤労者世帯、名目) (前年同月比)
5 新設住宅着工床面積	5 投資財出荷指数 (除輸送機械)	5 法人税収入
6 消費者態度指数	6 商業販売額 (小売業)(前年同月比)	6 完全失業率 (逆サイクル)
7 日経商品指数 (42種総合)	7 商業販売額 (卸売業)(前年同月比)	7 きまって支給する給与 (製造業、名目)
8 マネーストック (M2)(前年同月比)	8 営業利益 (全産業)	8 消費者物価指数 (生鮮食品を除く総合) (前年同月比)
9 東証株価指数	9 有効求人倍率 (除学卒)	9 最終需要財在庫指数
10 投資環境指数 (製造業) 総資本営業利益率 (製造業) 新発10年物国債利回り		
11 中小企業売上げ見通しDI		

(出典) 内閣府資料

は86万3045人へと急増しています。2016年度は1～10月度までしか新規求人数の統計が発表されていないものの、平均91万9376人となっています。

こうした話から「人材派遣や転職に関連する事業は拡大しそうだな」と連想できるわけです。

2017年度は円安&株高の方向へ

2015年、2016年は年間を通して1回、しかも小幅の利上げにとどまりました。インフレ率の急上昇も指標を見る限りでは1%台と低く、また、今後も利上げのペースは緩やかという発言が2017年度も適用されていくのであれば、日米の金利格差は拡大し、円安、株高という見通しとなります。

日銀に関しても本書の執筆時点でインフレ目標を達成できておらず、まだまだ時間がかかりそうですが、一貫して行ってきた金融政策は円安誘導に関する内容のみです。

数年前から比較すると、株価は十分に上がり、もう上昇余地は少ないのではないかと考える投資家もいますが、トランプ政策により強い米国が実現すると、日本が受ける恩恵は非常に大きいと言わざるを得ません。

新規求人数　学卒除く

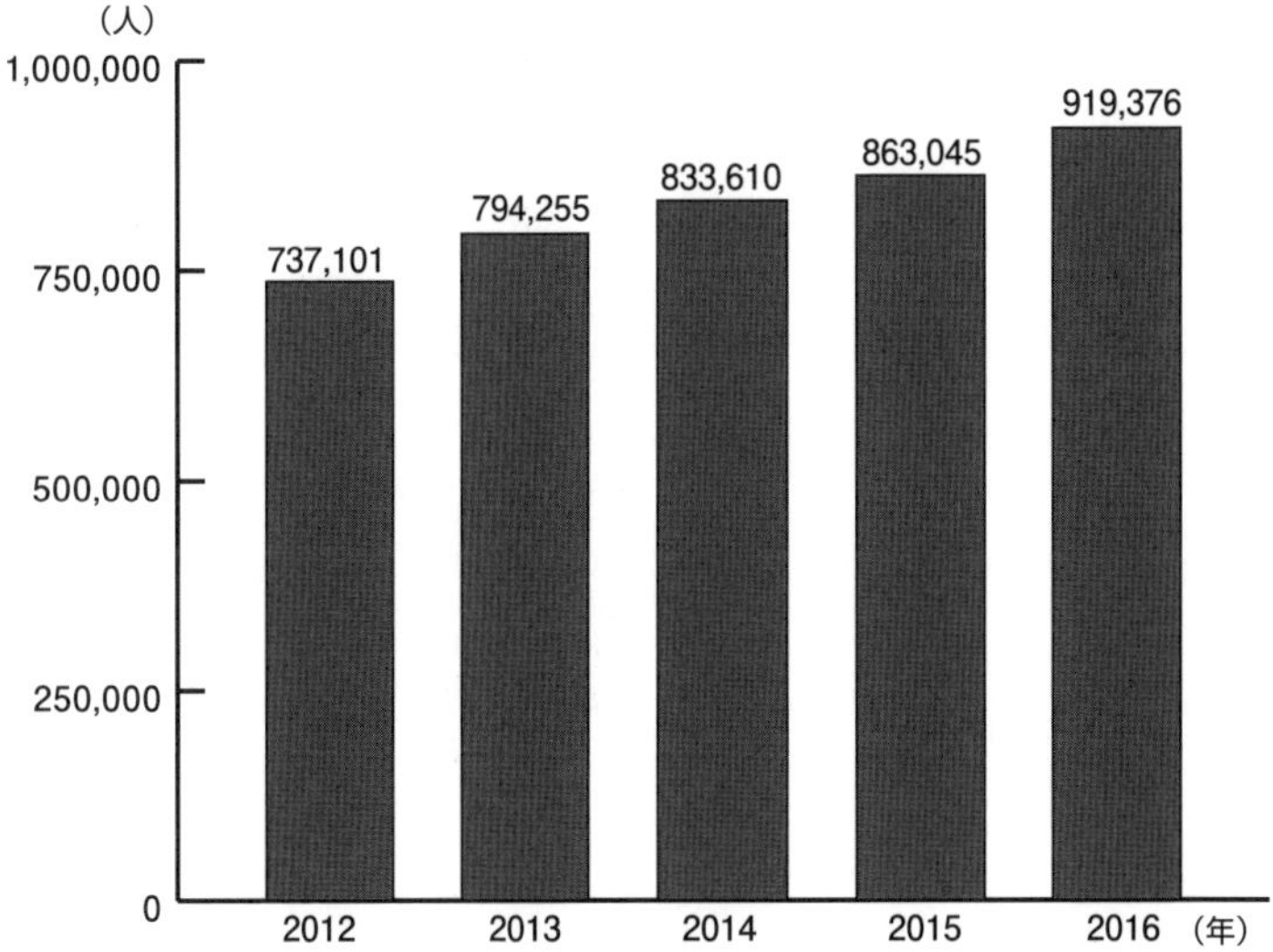

新規求人数（除学卒）

厚生労働省資料「一般職業紹介状況（平成 27 年 9 月分）」内「第1表 一般職業紹介状況（新規学卒者を除きパートタイムを含む）」の中にある新規求人数より集計し、著者が作成

世界中の機関投資家は、膨大な資金を常にどこへ投資するか考えていますが、輸出の拡大や円安の進行により、さらなる日本の業績拡大や、日本株への投資加速が期待できます。日本株への投資が加速することで、2017年度中に日経平均株価が2万1000～2000円まで上昇していくことが予想されます。

また、為替レートに関しても、日銀の政策および強い米国の実現はドル買いにつながっていきます。実際、トランプ大統領が誕生する前の為替レートは1ドル105円台前後でしたが、12月には118円台まで円安が進みました。

その後、急激な円安傾向は止まりましたが、1ドル125円は十分に考えられる値です。シナリオ以上に景気がよくなることにより、1ドル130円の円安シナリオもあり得ます。

06 株式市場の動向を決めるシナリオ②「サブ：株価下落」

考えられる3つのリスク

景気循環とは、ある一定の周期で景気の変動を繰り返す経済現象のことを指します。上昇している時を好景気、下落している時が不景気になりますが、2000年代以降は好景気の期間が長く、不景気の期間が短い、という特徴があります。

しかし、そういった好景気の最中にも、一時的な下落は起こるものです。現時点で考えられるリスクは主に次の3つです。

1 FRBの利上げ加速
2 中国、ギリシャ問題などのショック安の再燃
3 トランプ発言

それぞれ見ていきましょう。

1　FRBの利上げ加速

2016年12月に行われたFRBによる利上げは、ある程度マーケットが事前予想していたため、株価が反応することもなく終わりましたが、その時、2017年は3回の利上げがあるとFRB当局者より示唆されました。

2017年に3回利上げが実施されると、仮に1回の利上げ幅が2015、2016年と同じく0・25%と仮定しても、0・75%引き上げられることになります。そうなると、現在0・75%の政策金利が、1年で2倍の1・5%まで引き上げられる計算となります。利上げは金融の引き締め策ですから、株式から債券への資金シフトが起こる可能性が高まります。

したがって、利上げの実施や利上げ幅の拡大などの発表は、株価にとってマイナス材料として反映されそうです。

もちろん、利上げ幅以上に企業の収益率や成長度が高まっていく可能性も十分ありますが、2017年は、長年続いた低金利政策からの転換点となるでしょう。

2　中国、ギリシャ問題などのショック安の再燃

２０１４年、上海総合指数は、追加景気対策への政策期待や金融緩和などを背景に、１年で2倍以上に跳ね上がりました。２０１５年の年明け以降も上昇を続けていましたが、6月以降3週間余りで3割以上急落。8月に入ると「中国の景気減速が世界経済へ広がるのでは」という懸念が強まり、世界的な株安へと波及し、日経平均株価も、このタイミングで２０００円以上もの強烈な下げとなりました。

２０１０年1月、欧州委員会がギリシャの統計上の不備を指摘したことが報道され、同国の財政状況の悪化が世界的に表面化しました。最終的に第3次支援で合意しましたが、一連の動きを見ていくと、支援期限となる3年（２０１８年）を待たずに再燃する可能性があります。

過去のギリシャショックも、株価が下落する要因となりました。しかし、1か月～数か月という単位で問題は収束し、株価も回復していきました。次も同じ展開になると断言はできませんが、一時的な下落と予想しています。ギリシャショックが不景気入りの転換点だと間違わないように気をつけましょう。

3　トランプ発言

２０１６年11月の大統領選後、株価は絶好調で、本書を執筆している２０１７年１月25日時点でNYダウは史上初の２万ドルという大台を突破しました。また、日経平均株価も１万９５００円台まで上昇、２万円を超えるのも遠くなさそうです。

期待先行によるものといえますが、今後、気になるのがトランプ氏の過激発言による株価変動リスクです。経済にとってぜひ実現してほしいという発言もありますが、なかには暴言ともとられる言葉もあります。

日米関係および国際問題に関する発言は、時として悪影響となりかねないので、トランプ氏の発言には注意する必要があります。

どの事象も、一時的（長くても１～２か月）に経済悪化に転じ、株価は２０００～３０００円ほど急落し、日経平均株価も１万６０００円台まで下がる可能性があります。

ただし、この３つの下落シナリオは、不景気入りの転換点ではないということを認識しておきましょう。好景気の中での一時的な下落で終わる可能性が高く、押しめ買いのチャンスです。

チャイナショック時の日経平均株価（2015年8月）

日時	日経平均株価（円）	前日比
8月20日	20,033	—
8月21日	19,435	−598
8月24日	18,540	−895
8月25日	17,806	−734

07 株式市場の動向を決めるシナリオ③「想定外：株価暴落」

予測できる悪材料は一時的な下落で終わる

私は過去、何度も一時的な下落や急落局面で割安になった株を購入してきたことで、資産を増やしてきました。

金融商品は生物なので、そのままダメになってしまうものもありますが、機を待つことでチャンスがくるものもあります。実際、よくない事象が起きても、半年から1年後にチャンスに変わった例を繰り返し見てきました。

株式用語で悪いニュースのことを「悪材料」と言います。過去に経験ずみの経済問題や発生することが事前想定できる範囲の悪材料が起こった場合は、往々にして一時的な下落で終わり、再び株価上昇に転じるパターンが多くあります。

いずれ収束するので、状況を見守るといいでしょう。

☑ 映画みたいな出来事は現実に起きる

しかし、世の中の誰もがまったく予想できない、とんでもない事態が突如として発生し、景気が一気に悪化する可能性もごくわずかですが、あります。

アメリカ同時多発テロ事件（911）や東日本大震災などは、まさにそれです。**まるで映画やドラマのような出来事が現実の世界で起こり、国内や世界中が大パニックになると、株価の暴落を伴った景気の悪化が起こります。**これがシナリオ③です。

シナリオ②の場合、マーケット関係者はもちろん、政府や中央銀行も、そのリスクと発生した時の対応など、事前に策を考えているため、長期的な悪化にはならず、株価の下落も収束していくものですが、前代未聞の事象が発生すると、市場は対応ができず株価は暴落します。

東日本大震災が起きた時、常識では考えられない規模の地震、津波、そして原発の安全神話の崩壊に、日本国内だけでなく、世界中がパニックに陥りました。

発生翌週の日経平均株価は2日にわたり暴落。その後も、2012年まで株価の低迷が続きました。

もちろん、政府、日銀も対応はしましたが、それでも避けることはできませんでした。予測できない事態に対して備えることは難しいのです。

だからこそ、イレギュラーな事態が発生してしまった場合（起こってほしくありませんが）、自分が死ぬまで離さないと決めた金融商品や株式以外はいったん売却をしたほうがよいと、私は考えています。

景気回復まで数年単位かかることが想定されますし、その間、日経平均株価が半分程度まで下がる可能性もあります。

たとえば、今、イレギュラーな事態が起きて日経平均株価が1万円になった場合、株価が数分の1になる銘柄だってありえます。先の見通しが立たない、高リスク商品を持ち続ける理由はありません。

☑ 急落時こそが最大の買いチャンス

その一方で、イレギュラーな事態が起きた時は、買いのチャンスでもあります。

株価は通常、企業が持っている価値や生み出す利益、成長性などを総合的に判断した、合理的な価格とされています。

しかし、企業の状況、または市況の悪化時には、非合理的な価格、つまりバーゲン価格となる場合もよくあります。イレギュラーな事態が起きた時は、まさにバーゲン価格の状態です。

もちろん、市況の回復には時間がかかるものの、徐々に回復します。

一時的なショック安やその後の展開が悪い時こそ、有望株を割安で買えるチャンスだと捉えるようにしましょう。

どんな状況に陥っても、必ずチャンスが生まれます。大切なのは、常に状況を冷静に判断し、必要な行動をとり、あとはあきらめずに期を待つことで、大きなチャンスに巡り合えるのです。

年単位で見ていくと、いくつものイベントが発生し、リスク商品の価格は変動しますが、最終的な目標を常に忘れないでください。

たとえば日銀の場合、様々な政策を実施しますが、すべて「物価の安定」という最終目標のために行います。必ず最終目標を掲げてから行動していきましょう。一貫性がないと株式では負け組になってしまいます。

第2章

勝ち組投資家が絶対に手を出さない「買ってはいけない株」

01 最高のリスクヘッジは「買ってはいけない株」を買わないこと

投資の成功は情報収集にかかっている

株式投資に欠かせないこと、それは、知識、情報を得ることです。

株式はリスク商品です。

「預けたお金が減る」可能性があります。

そうならないためには、「預けたお金が減る」可能性がある銘柄を見極め、買わないことです。私はこのことに気づいたことで、資産を増やし続けることができています。

必ず儲かる銘柄を探すのはかなり難しいですが、危ない銘柄を見極めることは、コツを知ればある程度できます。

株は世の中の動きに連動していますから、情報をキャッチすることで、よりよい株の選択や適切な売買ができるようになります。言い換えると、知識や情報がないと、誤った選択をしてしまいかねないということです。

情報収集をしないで投資をするのは、将来に何が起こるのかという予測をまったくせずに、運だけで決めてしまうのと同じです。天気なら、傘を常に持っておくことで、濡れたり風邪をひいたりすることを回避できますが、投資の場合、すべての結果は自分に跳ね返ってきます。

リスクを少しでも減らすため、また、リターンを大きくするには、経済情報の収集は必須なのです。

経済情報を入手するには

経済情報の入手先として新聞、テレビなどのニュースが挙げられるでしょう。

それぞれとても便利ですが、最新の情報を届けるメディアではあるものの、紙面や放送時間が限られているため、企業の成長性や価値についてはあまり知ることができません。

また、数百万から数千万の読者、視聴者が一斉に見るため、こうしたニュースは速報性はあるものの、知りえた瞬間から鮮度が落ちてしまうと考えたほうがいいでしょう。

日本経済新聞であれば、上場企業の決算報告が掲載されていますし、いろいろな業種の企業を知ることができます。ただし、専門用語が多いので、慣れないうちは、テレビやニュースなど、ほかのメディアも活用しながら情報を拾いましょう。

また、速報性はないものの、書籍には専門家やプロフェッショナルが理論や知識、考え方、時代に左右されない普遍的な投資のノウハウや、その人独自の成功法が書かれているため、非常に有益です。

『ダイヤモンドＺＡｉ』（ダイヤモンド社）など、投資ビギナー向けの雑誌も投資の知識がわかりやすく書かれているので、活用するとよいでしょう。

☑ 株式選びに最高の情報源「会社四季報」

私は、経済情報の主な入手先を新聞、雑誌、書籍および実際の体験の4つとしています。

そして、もう1つ。

株式選びに最高の情報源、「会社四季報」を活用しています。

「会社四季報」（以下「四季報」）とは、東洋経済新報社が3か月に一度発行している書籍で、証券会社で売買できる日本の上場企業（約３６００社）の情報がすべて掲載されてい

著者プロフィール

坂本 彰（さかもと あきら） 株式会社リーブル代表取締役

サラリーマン時代に株式投資を始める。多くの成功と失敗を経験し、株で勝つための独自ルールを作り上げる。2009年10月時点で130万円だった株式資産は2016年に6000万円を突破。定期預金などを合わせた資産は1億円超に。

平成24年より投資顧問業（助言）を取得。現在、自身が実践してきた株で成功するための投資ノウハウや有望株情報を会員向けに提供しているかたわら、ブログやコラム等の執筆活動も行う。前職はラーメン屋という異色の経歴。

メールマガジン「日本株投資家　坂本彰　公式メールマガジン」は2014年まぐまぐマネー大賞を受賞。読者数2万人。

雑誌等のメディア掲載歴多数。

日本証券アナリスト協会検定会員候補。

著者　坂本彰　公式ブログ

http://saig.livedoor.biz/
（株式投資に関する有益なノウハウや最新情報を発信しています。）

公式メールマガジン（ブログでは書けない話も公開中!）

http://www.mag2.com/m/0000202500.html
もしくは、坂本彰（さかもとあきら）で検索

坂本　彰　［検索］

る、上場企業の図鑑のようなものです。

2000ページ程度あり、専門用語や数字が羅列していますが、銘柄を選択するうえで知っておきたい情報、企業が過去に生み出してきた利益、今期の収益予想も書かれているため、将来の成長性を読み解く要素が詰まっています。

投資家にとって企業の成長や変化をキャッチできる価値の高い存在といえるでしょう。

本章では、これまで私自身が実践してきた中で見つけた「買ってはいけない株（銘柄）」のルールをお話しししています。

金融商品は生ものなので、100％当てはまるわけではありませんが、リスクのある会社を避けるのに活用してください。

買ってはいけない株❶

02

借金だらけは要注意！多額の有利子負債がある会社

☑ 有利子負債は企業の借金と同じ

それでは、「買ってはいけない株」についてお話ししていきましょう。

「買ってはいけない株」の特徴、まず1つめは「有利子負債がある会社」です。

有利子負債とは、「短期借入金、長期借入金、1年内返済長期借入金、社債および1年内償還社債の合計」です（「四季報」の用語説明より）。つまり、**会社の借金です。**

利益剰余金は、株主資本から資本金と資本剰余金、自己株式を引いた利益の蓄積のことで、要するに、会社が今まで貯めてきたお金です。

企業の状況を知るには、企業のお金の出入りや収益をチェックします。本来なら、決算資料（損益計算書、貸借対照表、キャッシュフロー計算書）を読み込んで見極めるべきものですが、各社の書類を集めるだけでもかなり大変です。

そこで、「四季報」の登場というわけです。

会社情報の中に利益剰余金と有利子負債も載っています。会社が創業から現在まで、いくら儲けて貯金を積み上げてきたか、逆に損をしてきたかが、一発でわかるのです。

計算法は、とてもシンプルです。

利益剰余金 － 有利子負債 ＝ 貯金

それでは、実際の企業の数字を見てみましょう。

ブロンコビリー（３０９１）という会社があります。

73ページの図は、この会社の「四季報」のページで、囲んでいる場所に、利益剰余金、有利子負債が載っています。単位は１００万円になるため、利益剰余金が91億１４００万円に対し、有利子負債は2億５０００万円しかありません。

たった2億円なら借金をすべて返済してゼロにしたほうがいいと思われるかもしれません（実際、株主総会でも質問が出ていた）が、創業当時から付き合ってきた銀行には、苦労した時に助けてもらったことや将来のことも考えて、お付き合い程度で借り入れを続けているとのことで、このような状況になっています。

つまり、単純に数字の羅列のように感じる過去のデータや数字からでも、企業の動きや姿勢を見ることができるというわけです。

「四季報」は上場企業の成績表といえるでしょう。

逆に、利益剰余金が少なく、有利子負債が多い会社も存在しています。

有利子負債は家計でたとえると借金になるため、多くても最新の決算が発表された年の純利益額の10倍までとし、それ以上の有利子負債を抱えている会社は保有対象から省くようにしてください。

ちなみに、この2つの財務情報は掲載されている場所が限られています。私の知る限りでは、「四季報」とＳＢＩ証券のサイトのみ。ＳＢＩ証券では、口座開設後でないと閲覧できませんでした。

「四季報」をぜひ、有効活用してください。

ブロンコビリー（3091）：会社四季報

【小売業】

3091 (株)ブロンコビリー

【決算】12月 【設立】1983.12 【上場】2007.11

➡前号並み　😊会社比強気

【特色】名古屋地盤。炭焼きステーキ等を提供する郊外型高価格レストラン。関東出店を本格化。好財務
【単独事業】ステーキ・ハンバーグ専門レストラン100〈15・12〉

【続伸】既存店はキャンペーン効果で堅調。牛肉価格低下も利益を押し上げ、営業増益。増配。17年12月期は店舗純増17（前期11増）。既存店は好調。調達先見直しによる原価低減も寄与し、続伸。連続最高益。

【強化】20年200店に向け、人材採用・教育を強化。調理技術を学ぶセンターを17年内に関東に設置、愛知と2拠点に。野菜など食材の海外調達増やし、原価低減。

【株主】㊕9,831名〈16.6〉 万株
㈱ストロングウィル 379(25.1)
日本トラスティ信託口 62(4.1)
自社従業員持株会 52(3.4)
トーカン 36(2.4)
竹市靖公 36(2.3)
竹市克弘 34(2.2)
竹市啓子 33(2.2)
日本マスター信託口 33(2.2)
資産管理サービス信託銀行証券投資信託口 30(2.0)
三菱東京UFJ銀行 28(1.8)
〈外国〉 6.9% 〈浮動株〉23.5%
〈投信〉15.1% 〈特定株〉49.3%

【役員】㈳竹市克弘 ㈮竹市靖公 ㈶古田光浩 竹市啓子 出口有二 馬場崇文 宮本卓 森田直行* 平野曜二* ㈴岩田忠雄 ㈼遠山昌夫* 岩村豊正*

【株式】10/31 15,070千株
単位 100株 優待
時価総額 450億円

【財務】〈単16.9〉 百万円
総資産 15,994
自己資本 13,433
自己資本比率 84.0%
資本金 3,199
利益剰余金 9,114
有利子負債 250

【指標等】〈単15.12〉
ROE 14.0% 予14.8%
ROA 10.9% 予12.4%
調整1株益 ―円
最高純益(15.12) 1,626
設備投資 1,887 予1,836
減価償却 629 予 705
研究開発 0 予 0

【キャッシュフロー】 百万円
営業CF 2,443(1,916)
投資CF ▲2,099(▲1,493)
財務CF ▲271(2,588)
現金同等物 5,883(5,809)

年月	【資本異動】	万株
14. 9	公80万株(3244円)	743
14.10	三者10万株(OA)	753
15. 7	分1→2	1,507

東証	高値	安値
07~14	4020(14)	950(09
15	5600(4)	2025(8
16.1~11	3645(7)	2151(1

	高値	安値	出来万株
16. 9	3145	2924	96
10	3160	2910	142
#11	3100	2876	91

【四半期進捗率】3期平均74.5%
今期76.6%(+2.1%)
【格付】―

【業種】外食・娯楽サービス
時価総額順位 39／145社
【比較会社】3053 ペッパFS, 3097 物語コーポ, 7412 アトム

【業績】(百万円)	売上高	営業利益	経常利益	純利益	1株益(円)	1株配(円)
単13.12*	11,290	1,527	1,546	880	66.4	12.5
単14.12*	13,049	2,013	2,007	1,237	89.7	14.5
単15.12*	15,926	2,449	2,463	1,626	107.9	18
単16.12予	18,700	3,000	3,050	1,990	132.0	22
単17.12予	22,000	3,600	3,650	2,370	157.3	22~24
中16. 6	8,996	1,390	1,409	918	61.0	11
中17. 6予	10,500	1,620	1,640	1,060	70.3	11~12
四15. 1- 9	11,657	1,729	1,739	1,097	72.8	
四16. 1- 9	13,716	2,146	2,181	1,422	94.4	
会16.12予	18,500	2,800	2,850	1,860	(16.1.19発表)	

【配当】	配当金(円)
14.12	16
15. 6	18
15.12	9
16. 6	11
16.12予	11
17. 6予	11~12
17.12予	11~12
予想配当利回り	0.74%
1株純資産(円)〈単16. 9〉	891.4 (817.6)

【本社】465-0097名古屋市名東区平和が丘1-75 ☎052-775-8000
【店舗】愛知39, 岐阜10, 三重5, 静岡9, 東京7, 他35 計105
【本部】名古屋【工場】愛知, 神奈川
【従業員】〈16.9〉406名(30.4歳)年472万円
【証券】上東京, 名古屋 幹(主)大和(副)野村, 東海東京, 三菱Uモル, 日興 名三菱U信 監あずさ
【銀行】三菱U, 十六, 大垣共, 愛知, みずほ
【仕入先】―
【販売先】一般消費者

（出典）『会社四季報 2017年第1集』東洋経済新報社刊

②時価ベースの自己資本比率

自己資本を株式時価総額に変更して算出し、分母は総資本のまま計算されます。

自己資本比率よりも景気や株価変動の影響が大きく反映されています。自己資本比率よりも時価ベースのほうが低い値であれば、PBR（PBRは株価純資産倍率と言い、1倍を下回ると割安だと判断される）が1倍を下回っています。つまり、割安度が高いと判断できます。

③キャッシュフロー対有利子負債比率

有利子負債がCFの何倍であるかを示し、有利子負債の返済能力を測る指標の1つです。

一般にこの値が10倍を超えると過剰債務の可能性があると言われています。

計算に使われるCFは営業CFとなっていますが、営業CFと投資CFを足したフリーCFを使う場合もあります。

④インタレスト・カバレッジ・レシオ

金融費用（負債の利払いなど）の支払い能力あるいは安全性を判断する指標です。

この指標の数値が大きいほど支払い能力が高く、安全性が高いといえます。

計算式は、事業利益 ÷ 支払利息・割引料が基本ですが、営業CF÷ 利払いという計算式をしている会社もあります。

株式投資は企業の倒産という大きなリスクを抱えています。

利益剰余金と有利子負債だけでは見えにくい財務安全性をチェックしたい時は、この４つの指標を併用してみましょう。

Check! 企業の財務安全性を確認する4つの指標

株式投資に必要な企業情報を見極めるのに「利益剰余金」「有利子負債」と同様に欠かせないのが「財務安全性」です。

企業の支払いなど、安全性に関する指標をまとめた総評のことで、企業の倒産可能性を測ることができます。

この「財務安全性」をチェックする資料が「キャッシュフロー関連指標の推移」です。これは、「決算短信」（各企業が四半期ごとに発表する業績の速報で、売上高や利益などを 1 年前の同じ期間と比較して、いくら増加、もしくは減少しているのかや、年間目標と比べての進捗状況などがわかる）に掲載されています。

決算短信資料の中ほどに、①自己資本比率、②時価ベースの自己資本比率、③キャッシュフロー（以下、CF）対有利子負債比率、④インタレスト・カバレッジ・レシオ、という4つの指標が記載されています。

それぞれ押さえておきましょう。

①自己資本比率

総資本に対する自己資本の割合を示す指標です。

計算式は、自己資本 ÷ 総資本になりますが、総資本は、自己資本＋他人資本（負債）なので、負債が多いと自己資本比率は低くなります。

自己資本比率の推移を見ていくと、その企業が借り入れを増やしているのか、それとも減らしているのかがわかります。

基本的には 50%以上なら安全性が高いとされています。

反対に、10%以下の会社は、非常にリスクが高いので、買ってはいけません。

買ってはいけない株②

03 安定しない＝リスク 売上や利益が毎年大幅に動く会社や業種

知名度が高くても業績不安はある

買ってはいけない株の2つめの特徴は、売上や利益が毎年大幅に動く会社や業種です。大きく利益を伸ばした翌年に、大幅に業績が悪化したり、赤字に転落したりなど、順調に成長拡大していかない業種・会社がこれにあたります。

このことを如実に示した企業（銘柄）がありました。

エルピーダメモリ（6665）という会社です（現在はマイクロンメモリジャパン）。

77ページは　エルピーダメモリの過去の業績推移です。

この会社は、半導体メモリのDRAM研究開発・設計・製造・販売を事業とする半導体メーカーで、日本唯一のDRAM専業メーカーでもありましたが、2008年以降の超円

エルピーダメモリの過去の業績推移

○2004年から2011年の純利益額

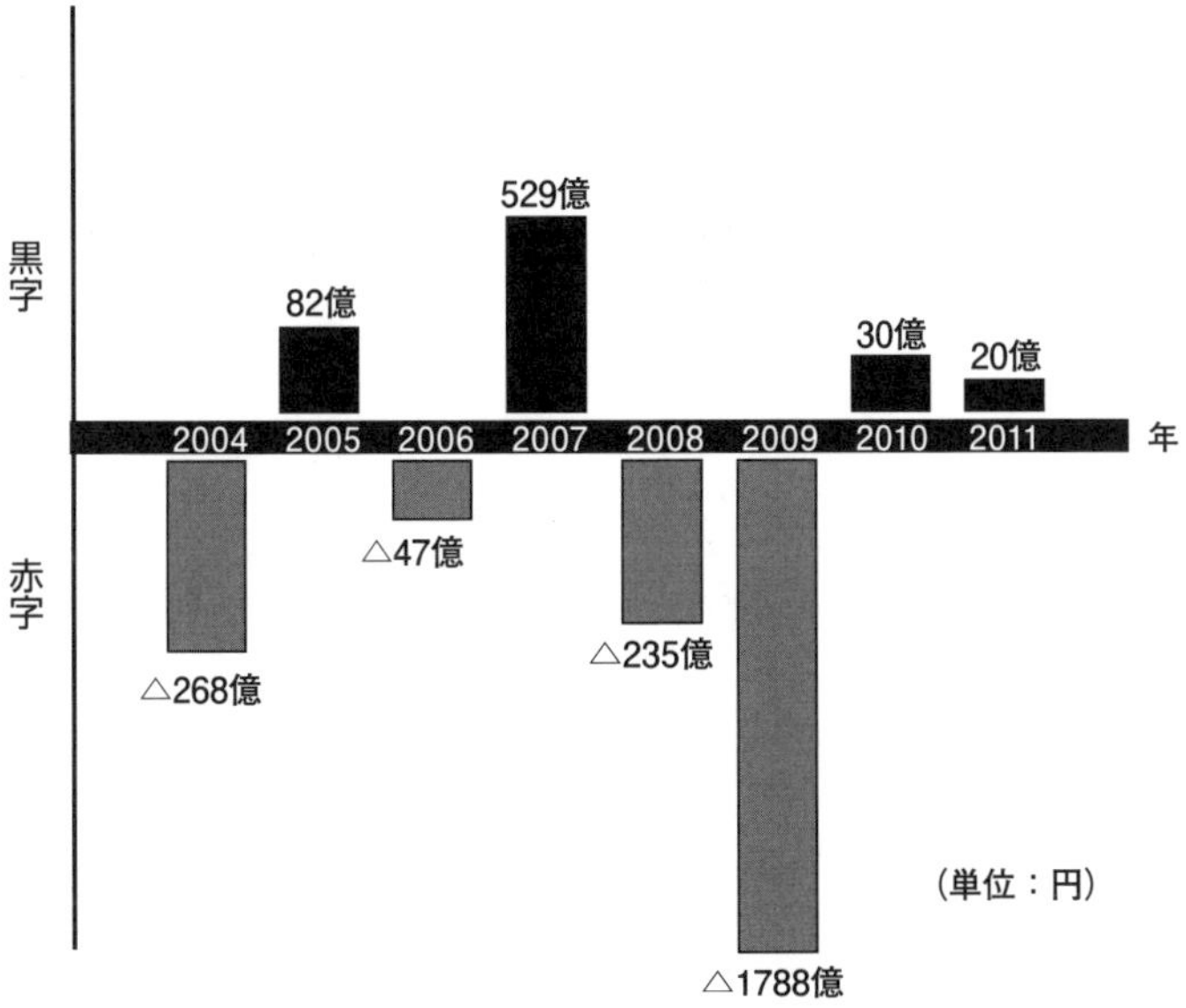

○利益剰余金と有利子負債額の変化

年度	利益剰余金	有利子負債
2007	245億6800万円	2068億6300万円
2011	▲529億2800万円	3210億6600万円

高やＤＲＡＭ価格の低下により２０１２年２月に会社更生法を申請、倒産しました。

　こうなった背景についてはいろいろな理由があるのですが、上場廃止に至った過程を見ていくと、業績および財務面が非常に厳しいことがわかります。２００４年から２０１１年まで、２年に一度のペースで赤字決算であるうえ、赤字額の大きさが目につきます。

また、２００７年度時点で有利子負債が利益剰余金の約８・４倍もあり、４年後の２０１１年に至っては利益剰余金がマイナス５２９億円と、あり得ない数字となっています。有利子負債も１０００億円以上増えているため、倒産するタイミングが迫っていたとも判断できます。


　企業の過去の決算情報をチェックすることで、会社の経営リズム、順調に利益を積み上げているか、数年に一度、もしくはそれ以上の頻度で赤字になるかどうかを見極めることができます。

　過去の業績をチェックして、２～３年に一度赤字決算があるような赤字体質の会社は、買ってはいけません。

買ってはいけない株❸

04 企業価値からかけ離れていることも少なくない 高いPERの会社

PERは株価の適正値を調べる最良の方法

買ってはいけない株の3つめの特徴は、PERの高い会社です。

「株価の適正値はいくらですか?」と聞かれても、ほとんどの人は答えることができないでしょう。

株価の適正値を調べるには、株価指標を活用します。

株価指標とは、企業の株価を比較、評価する際に用いる様々な尺度のことで、指標をすべて使いこなそうとすると大変です。

まずは、株価の適正値を調べる指標としてPERを覚えておくといいでしょう。

PERとは、Price Earnings Ratio の略で、株価収益率とも言い、1株当たりの利益(純

利益）に対し、株価が何倍まで買われているかをあらわしたものです。

たとえば、株価が1000円で1株当たり利益が100円ならば、PERは10倍となります。

一概に何倍以下であれば安い、高いという明確な基準はないのですが、株式市場の平均値が約15倍となっていますので、それ以下であれば割安。10倍以下であればかなり安いと判断できます。

多くの企業のPERを見比べていくことで、適正価格かどうかがだんだんと判断できるようになってきます。

株式投資で利益を出すためには、単純に株価の流れだけで決めるのではなく、買いたい株式の企業価値を分析し、株価と価値を比較し、安いタイミングを見つける習慣が重要です。

利益には営業利益、経常利益、純利益の3つがあります。PERは純利益で計算されます（自分で計算しなくても、投資系の媒体であればだいたい計算してくれる）。

PERの計算式は、次のとおりです。単位は倍です。

株価　÷　1株当たり純利益

一般的な指標ながらも、投資判断の目安としてかなり有効です。私も長く使い続けています。

☑ PER5倍と100倍、どっちが危険？

成長性がない会社や話題性の少ない会社の場合、PERは比較的低めになり、成長性が期待できそうな株式のPERは高くなる傾向にあります。

そのため、PERが高いほうがますます成長するのではないかと思われがちですが、その判断は尚早です。人気産業の急成長株は避けたほうがいいでしょう。新しい産業やテーマは世間を騒がし、株価もダイナミックに動くため、つい衝動買いをしたくなりますが、企業価値からかけ離れたPERは、時間とともに適正値まで落ちます。ときに、急激に落下することもありえます。

PERが100倍を超える株式もありますが、これは、100年後の利益を先取りしているようなものです。

株価が1000円、毎年100円の配当が手に入る投資をすることは、PER10倍の株に投資するとも言い換えられます（配当性向を100％と仮定した場合。配当性向とは、利益の中から何割を配当に回すかのパーセンテージのこと）。

PER100倍というのは、それを1万円で買うということですから、あなたがよほど長生きをするか、もしくは若くない限り、100年以上生きてプラスにしようとは思わないはずです。

つまり、PER100倍という会社への投資は非常にリスクが高いというわけです。

逆にPERが10倍以下の場合、単純な計算であれば10年以上持ち続けることでプラスになるという判断ができます。

株価には定価がありません。だからこそ、利益を出す株を見つけるためには独自に定価をつけ、つまり値決めをして、それよりも低い価値だと判断している株を買うようにしていけば勝つことができます。

価値が低い株を人より先に見つけるほど利益は増え、逆に人よりも高い価格で、あるいは会社の本来価値より高く買うと、損を抱えることになります。

私は、会社の価格を以下のように決めていきます。

1　PER

基本はPER15倍以下なら割安と判断。なかには10倍以下という株式やタイミングもあり、この時はバーゲンセールに近いです。

2　成長率

年度ごとの成長率10～15％の株がPER10倍以下なら非常にお買い得です。成長性が高いほどPERは高くなる傾向になりますが、成長率が20～30％台の株であれば、PER15倍台でも適正値だと判断しています。

3　不景気時、暴落時

「不景気時には株を買い、好景気時には仕事、貯金をする」という言葉がありますが、不景気時は株価が低迷し誰も株に興味を持ちません。そのため、会社本来の価値に比べて株価は非常に割安でお買い得です。

3つの値決め方法を挙げてみましたが、投資初心者が取り組みやすいのは、PERから判断する方法です。

割高なのか、購入するチャンスなのか

最近、新規上場した、力の源《もと》HD（3561）を見てみましょう（HDはホールディングスの略）。同社はラーメン専門店『一風堂』を中心に複数ブランドの飲食店を展開する企業です。

本書執筆時点での株価は2699円。

業績予想に目を移すと、2017年3月期の売上高予想は223億1600万円、純利益予想は2億6200万円、1株利益予想は25・4円となっています。

この数値でPERを計算すると、なんと106倍！です。

将来の企業成長が期待できるとも判断できますが、それにしても高すぎるPER値です。あくまで予想ではありますが、同社の株価は数か月後には1000円台まで下がっていくはずです（2017年4月5日時点2380円）。

景気が急によくなるなど、何らかの理由で利益が大きく伸びることだってありますし、相場に絶対はありませんが、PER100倍超は資産づくりを目的にする投資には向きません。

PERを確認することで、この株は割高なのか、それとも購入するチャンスなのかがわ

かるようになるでしょう。

ＰＥＲは多くの株式指標のなかでも、売買の基準がわかりやすく、初心者から著名な投資家まで幅広く活用しています。必ずチェックするよう心がけてください。

目利き力を身につけて、危ない数字に引っかからないようにしましょう。

買ってはいけない株❹

05

価格競争に先が見えないコモディティ企業（モノマネ企業）

☑ 値下げしか戦うすべがない会社

買ってはいけない株の4つめの特徴は、ビジネスモデルの模倣が多いコモディティ企業です。**商品やサービスを販売していても価格決定権を握っていない企業のことをコモディティ企業と言います。**

コモディティ企業は、ビジネスモデルの模倣をして、利益を上げようとすることが少なくありません。

1　性能は同じでも価格がどんどん安くなる製品

2　性能を上げても価格に反映できない製品

など、コモディティ企業は他社と同じような質やサービスしかないため、どこで購入しても差がありません。区別できる唯一の判断材料が価格のみのため、お客様を振り向かせるには、価格を下げることしかできません。価格競争でしか戦えないということです。

少し前の話ですが、LED製品が一時期、エコブームの流れに乗って注目されました。多数の企業が新規参入しましたが、どこの会社もパッとした結果を出せていません。マーケット以上に提供企業が増えてしまった結果、利益を奪い合うことになり、薄利多売の価格競争となってしまったからです。

コモディティ企業も参戦しましたが、その多くがブームが終わるとともに株価も著しく下落してしまいました。

コモディティ企業を避けるために

コモディティ企業、いわゆる**価格競争型企業の悪い点は、不景気時だけではなく、好景気でも終わりのない価格競争に巻き込まれ続け、万年利益が出ないことです。**もしあなたが買いたいと思っている会社や、すでに保有している株式がこのタイプであれば、注意しましょう。

投資したいと考えた企業が、コモディティ企業かどうかをチェックするには、売上高に対する利益の割合を調べてください。次の式で計算できます。

売上高（純）利益率 ＝ 純利益 ÷ 売上高

売上高利益率が5％以上ならば高収益企業として合格、10％以上ならば非常に優秀です。1％の場合、100万円を売上げても利益は1万円しか残らないことになります。何かのアクシデントや、ちょっとした業績悪化ですぐに赤字に転落する可能性も高いため、避けたほうが安心です。

高収益企業の特徴は、次の3つが挙げられます。

1 ブランド力がある
2 独占、もしくは寡占企業
3 新規参入が難しい業種

言い換えると、この1～3に該当せず、ビジネスモデルを模倣するしかない企業は、長い目で見ていくと最終的には価格競争に陥らざるを得なくなり、利益が先細っていきます。10億円の利益成長を目指す場合、利益率10％ならば売上高を100億円増やすことで達成できます。しかし、利益率1％の場合、売上高を1000億円増やさないと達成できません。

利益を拡大させるには、売上高以上に利益率が重要であることがわかるでしょう。

企業の成長を見越した場合、利益率の高い企業ほど有利なので、価格競争型の会社は買ってはいけないのです。

06

買ってはいけない株⑤

数字のトリックに気をつけよ 不適切会計、粉飾決算が疑われる会社

投資先の会社は信用できる相手であるべき

買ってはいけない株の5つめの特徴は、不適切会計、粉飾決算が疑われる会社です。不適切会計、粉飾決算とは、会社が不正な会計処理を行い、虚偽の財務諸表を作成し、決算報告をする行為です。

企業はいろいろな理由により利益や売上を伸ばしたいものですが、水増しにより本来の価値よりも高く見せることは、投資家にとって悪材料でしかありません。

純金の金貨を100グラム買ったはずなのに、実際は50グラムしか金が入っていなかったようなものなのですから、見た目と本来の価値が異なっているわけです。

不適切会計や粉飾決算をしていることが発覚すると、最悪、上場廃止になります。そん

なことになったら、株もパーです。

しかし今、話題となっている東芝の事例でもわかるように、会計のごまかしはプロでも見分けることは難しいものです。

ですから私は、次の3つの条件に当てはまる会社には、予め投資しないと決めています。

1　何を販売して売上や利益を生み出しているのか、収益源がわかりにくい会社

粉飾の手口としてよくあるのが、売掛金や売上債権の水増し、関係会社を利用した循環取引です。どんなビジネスをしているのか、本業（根幹となる業務）は何かがわかりにくい会社は、数字の流れが不明瞭なので要注意です。

2　自己資本比率が低い会社（10％以下は危険）

自己資本比率は、自己資本　÷　総資本で計算できますが、総資本は自己資本と他人資本を足したものです。他人資本は主に負債なので、自己資本比率が低い会社は、借り入れが多い会社だともいえます。

3　売上高に対する利益率がとても低いのに赤字にならない会社

売上高純利益率は（純利益　÷　売上高）×100で計算できます。この割合は業種により大きく異なるため一概に基準はないのですが、1％以下となっている場合は買ってはいけません。

特に注視していただきたいのが3です。

売上高に対する利益率が低い会社ほど、売上を架空計上している可能性も疑われます。また、利益率が異常なまでに低いのに、なぜか赤字に転落せず、ギリギリ黒字が継続している会社も見かけます。赤字になると資金繰りや銀行へ融資打ち切りなど、会社を維持するための策が一気に絶たれてしまうことを恐れて、黒字にしている可能性もあります(実際、そういう会社は多い)。

投資先選びは、つい「利益が出そうな会社」「儲かりそうな会社」を探すことに注力したくなるものですが、同じくらい「儲からない、儲かっていない会社」を見つけ、避けることも重要です。

見た目のよさだけではなく、その裏側で何をしているのか? 投資先を選ぶ時は、いつも以上に疑い深くなってください。

わかりにくい会社は無理に買わないという姿勢を貫くことが、投資での損を避けるいちばんの近道です。

07

株価を売買判断の理由にするのは危険

株価はあくまで現象であって価値ではない？

最後にもう一つ、気をつけてほしいことをお話しします。

「株価が上がっているから」は購入理由として成り立ちません。

もちろん、株価が上がっていることはいいことなのですが、それだけを購入理由にするのは危険です。

株価は、必ずしも企業の将来性や価値を示していないからです。

株式投資で成功する人が銘柄を選ぶ際の優先順位は、次のとおりです。

1　企業の業績や将来性を判断してから

2　株価を見て、割安か割高かを見る

つまり、株価は二の次なのです。

なぜなら、1000円の価値のあるものが500円になっているならお得ですが、100円の価値しかないものが、500円になっているのでは、何のうまみもありません。得か損かは、もともとの価値を知る以外、判断できないからです。

☑ イノベーター理論と株式の購入動機

イノベーター理論という言葉をご存じでしょうか。

これは、社会学者であるエベレット・M・ロジャースが提唱した、イノベーションの普及に関する理論で、95ページの図のように新商品や新サービスが市場に浸透するまでの経過を、購入者のタイプを5つに分けてあらわしたものです。

イノベーター理論の仕組みは、株式の購入動機に似ています。

1のイノベーターになる必要はないですが、できれば2のアーリーアダプターを、「四季報」や会社のホームページを読んだりして情報収集を自ら行い、積極的に投資に参加する人を目指してください。多少、時間がかかっても3のアーリーマジョリティには入っておいたほうがよさそうです。4のレイトマジョリティや5のラガードタイプの人は、残念

人がモノを買うことを決める〈イノベーター理論〉

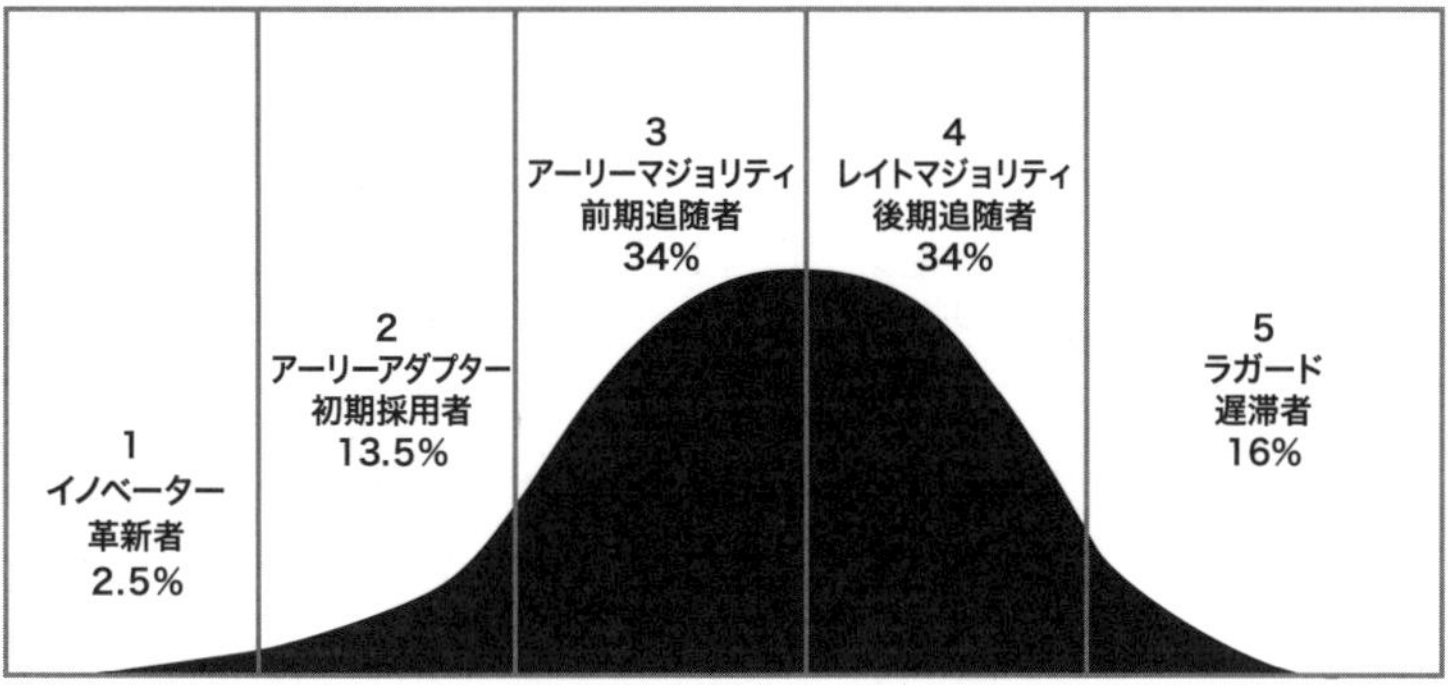

1 イノベーター

(Innovators：革新者）……2.5%
新しいものを進んで採用する人

2 アーリーアダプター

(Early Adopters：初期採用者）……13.5%
情報収集を自ら行い、判断する人

3 アーリーマジョリティ

(Early Majority：前期追随者）……34%
比較的慎重派な人ですが、平均よりは早めに新しいものを取り入れる層

4 レイトマジョリティ

(Late Majority：後期追随者）……34%
比較的懐疑的な人
周囲の大多数が試している場面を見てから同じ選択をする

5 ラガード

(Laggards：遅滞者）……16%
もっとも保守的な人
流行や世の中の動きに関心が薄いタイプ

ながら、投資情報の収集が受動的（何かに動かされて株を買っているのなら）なので、株で勝てるタイプではないでしょう。

☑ 情報は自分から取りに行く

もう一つ、注意していただきたいことがあります。

それは、テレビや新聞などマスメディアが大々的に取り上げた企業は、いち早く情報を入手しても、すでに4のレイトマジョリティだという事実です。先にもお話ししましたが、多くの人が一斉にその情報に触れるため、「みんなが知っている情報」となり、そこがピークとなりえます。

株価が上がってきたということは（上り始めたばかりであれば、まだまだ株価が上がる可能性はあるものの）、まもなく適正価格に落ち着く、つまり株価が下がってくることを懸念して、どんどん買う人が減ってくることが想定されます。上り調子だった株価が急落した事例も数多くあります。

株価がすでに上がっているということは、同時に下がるリスクが高いため、買ってはいけないというシグナルでもあるのです。

95ページの図でいうと頂点、3のアーリーマジョリティから4のレイトマジョリティにスイッチするタイミングであり、もう出遅れているということです。

株価が最高潮に盛り上がった時点で参加するということは、結局、1や2が利益確定させる手伝いをしているだけとも言えるのです。

投資に活かせる情報を、早く入手するためにはどうすればいいのか?

私は、企業の変化をつかみ、それが事実となる前に行動に移すことだと考えています。

予想が事実となる(ニュースになる)前に、株式を先回り買いすることは、行列の先頭に並ばせてもらえるくらい有利な行動なのです。

08 買ってはいけない投資信託

投資信託の特徴を知っておこう

　私の元に届く投資の損や悩みに関するメールなどの問い合わせは、株式よりも投資信託に関する内容のほうが実は深刻です。

「投資信託は投資のプロが運用しているから安心」「長期的にみると資産は増えていく」というイメージが漠然としてあるようですが、実際は投資信託も金融商品ですから、そんなことはありえません。現実は非常に厳しいと言ってもいいでしょう。

　そもそも投資信託は、商品設計と販売に、顧客との大きなズレがあります。投資信託を開発するのは運用会社、売る側は販売会社でもある証券会社であり、証券会社は運用会社を系列会社や子会社として抱えている場合が少なくありません。

また、商品設計についても、顧客との接点が運用会社よりも圧倒的に販売会社のほうが多いため、必然的に証券会社の影響力が高くなります。証券会社は業績がよくないため、株式手数料の低下傾向が続くことから投資信託の手数料が収益源となっています（インターネット証券よりも、店舗を抱える大手証券のほうが、この傾向は高い）。

そのため、証券会社のニーズを元に作った投資信託は運用会社よりも証券会社の影響が強く反映され、とにかく売れる商品（投資信託）作りを目的としていることから手数料が高いのが定番です。

投資信託の商品設計は、顧客が儲かる商品とはなっていないのです。

また、積極的に販売する投資信託は、顧客にとってメリットがある商品ではなく、証券会社にとってメリットがある商品であることがほとんど。

証券会社から勧められる投資信託を10年間運用した場合、資産がどうなったかについては、すでにお伝えしたとおりです。

証券会社や金融機関のおすすめ投資信託や金融商品の回転売買は、あなたにとっては最良の選択ではないことを踏まえて、銘柄を選びましょう。

買ってはいけない3つの投資信託

買ってはいけない投資信託は次の3種です。

1　外国株式（特に新興国）に投資するファンド

2　高金利通貨商品

3　新しいコンセプトを打ち出すファンド

それぞれ見ていきましょう。

1　外国株式（特に新興国）に投資するファンド

ＢＲＩＣｓ（２０００年代以降著しい経済発展を遂げているブラジル《Brazil》、ロシア《Russia》、インド《India》、中国《China》4か国の総称）などのような新興国は、先進国と比べてＧＤＰ成長率が高いことから投資リターンも高くなりそうだというイメージがあります。

事実、株式の場合、売上や利益成長率が高い「成長株」に分類される株は、株価上昇率がその他の株と比べて高く、株価が数倍から10倍以上になることもあります。

外国株式（特に新興国）を投資対象にしたファンドを買ってはいけない理由は、次の２つです。

①GDP

第1章「常にNYダウが注目される理由」（34ページ）では、NYダウに比べて日経平均株価が上にも下にも大きく動く理由について触れましたが、同じ要因により、日本よりGDPの小さい新興国は、株価がさらに大きく動きます。

2015年度の名目GDPランキングによると、日本のGDPはアメリカ、中国に続き3位となり、4兆1242億ドルでした。

ちなみに、インドは7位ですが、2兆730億ドルと、日本の約半分程度しかありません。

アジア通貨危機など、世界中の投資マネーが一気に流失、流入してきた過去の事例を見ていくと、GDPの小さな国の株価変動幅は非常に激しく、一方向に動き続けるという特徴があるため、新興国への投資は非常に危険です。

②カントリーリスク

カントリーリスクとは、政治や経済状況の変化によって市場に混乱が生じた場合、資産価値が変動するリスクのことを言います。

日本の場合、1万円札はどこでも1万円として通用します。当たり前の話ではありますすが、そう言えるのは、日本という国の信用力がそれだけ高いという証明でもあります。

しかし、日本と同じような感覚で（つまり、国はつぶれない。いつでも安定していると いう思い込みで）新興国に投資をすると、怖い結果が待っています。

２０１６年11月８日、インドのモディ首相は高額紙幣である５００ルピーと１０００ルピーの流通を差し止めることを突然発表しました。偽造紙幣や不正蓄財などの根絶が目的ですが、日本では考えられないことです。

ほかにも２０１６年の５００ユーロ札使用中止（※１）、１９９８年のルーブル通貨危機（※２）など、様々な出来事が起きています。

日本株へ投資する場合、カントリーリスクはほとんどありません。検討するべきリスクにならないのです。ただし、新興国へ投資する場合、個別企業の倒産リスクと同じように、政治や経済制度、国の破綻リスクも検討しなければなりません。国の破綻可能性は、個別企業以上に予測が難しく、（だからこそリターンが高いのですが）非常にハイリスクな投資先になるため、買ってはいけません。

外国株式（特に新興国）の投資は、日本に住んでいると経験できないことや、考えられないリスクを含んでいるため、それがひとたび起これば思ってもみなかったカタチで大きな損失となって返ってきます。もちろんすべてがそうではありませんが、体感的には個別の高配当株以上に注意が必要な投資先ですし、長期的にずっと保有するというイメージは捨てたほうがよいです。

※1　2016年5月、欧州中央銀行が最高額紙幣の500ユーロ札を2018年末で発行停止することを決めた。犯罪やマネーロンダリングなどに悪用されているとの懸念が高まっていることから、テロや犯罪の資金源を絶つのが狙い。

※2　1997年に発生したアジア通貨危機の余波を受けたことにより、ロシアの財政は急激に悪化し、経済の混乱や株価下落などが起きた。下落していたロシア関連株やロシア通貨であるロシアルーブルを安易に割安と感じて投資を再開したヘッジファンドが、さらなるロシア株の下落により損失を被り、多くのファンドが倒産、もしくは倒産の危機に陥るなど、ロシアの深刻さは日に日に増している。

2　高金利通貨商品

高金利通貨とは金利の高い通貨のことで、具体的にはブラジル（レアル）、南アフリカ（ランド）、トルコ（リラ）などがあります。

日本では、カントリーリスクよりも利回りの高さを異常なまでに重視する人が多い傾向があります。

実際、高金利通貨の外貨建て預金や高金利通貨ファンド、つまり先進国にプラスして新興国を組み込んだ投資信託が、値動きは荒くなるものの分配金が多くなること、毎月分配型であることから、人気があります。

新興国は先進国に比べて政策金利が高いため、注目が集まりやすい一方、経済規模が小さい分、国際的な投機資金の影響を大きく受けます。投機マネーが集まると株価の高騰やバブルを招くこともありますが、投機マネーはキャピタルゲインのみを追求しているため動きが激しく、逃げ足が速いのも特徴です。何かのきっかけに逃げ出すと、後を追うように一気に売られ、大きく下落していきます。

投資信託の分配金は第二の年金として宣伝されることも多いのですが、分配金の支払い実績を見ていくと、増えることはほとんどなく、引き下げられていくケースが大半です。

また、毎月分配金があるということは、分配金を支払うための手間や経費も年に1回の分配と比べ12倍かかるわけです。つまり、分配金にかかる税金も毎月かかってくるということです。

毎月分配型の投資信託は個人投資家の理想と現実にギャップを感じてなりません。

リスクが低くリターンが高いという金融商品はこの世に存在しません。リターンが高いものはリスクも比例して高くなるという基本を忘れてはいけません。

3　新しいコンセプトを打ち出すファンド

新しいコンセプトとは何かというと、株式や債券などの伝統的資産以外の何かに投資をして、リターンを得ようと提案するものです。

新しいコンセプトを打ち出すファンドには、次のような共通項があります。

①安定したリターンを約束し、なおかつ高利回りである
②リターンのみを強調し、リスクは無視する
③従来の金融商品よりも優れていることを力説する

ここ数年で話題になった新金融商品、投資先として、レセプト債、ラブホテルファンド、ビットコインなどがあります。

こうした新しいコンセプトのファンドは破綻して終了というケースばかりです。

たとえばレセプト債（医療機関からレセプトを買い取って債権化するファンド）は大手や地場の証券会社も販売していましたが、取引報告書の大部分が虚偽であったことが後からわかり、資金繰りが悪化。運用会社が軒並み破綻し、大問題となりました。

ラブホテルファンドも利回り８％と謳っていたものの、結局は儲かることができず、償還は元本の２割未満だったそうです。

なぜ破綻に至るのか。それは、単一の商品に投資するため、分散投資がまったくできず、何か予期できないリスクが高まると対応できないのです。

ほかにも和牛、エビ、真珠など、何か単一のものに出資して利益を得ようと持ち掛ける商品があります。これを総称して「出資詐欺」と言います。出資詐欺はうまい話ばかりを語り「あなたも儲けませんか？」と持ち掛けてきますので、気をつけてください。

投資信託は株式投資と比べてリスクが低いわけではありません。

さらに手数料が高く、毎年払い続ける必要があります。

余裕資金のすべてを投資信託にあてるのではなく、資金の一部分を株式投資で運用してみるといいでしょう。

第3章

勝ち組投資家が絶対に手を出さない「買ってはいけない業種」

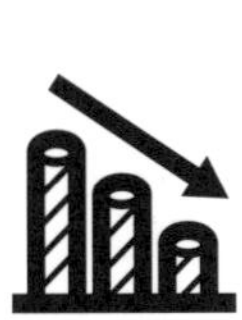

買ってはいけない業種①

01 株価が上がりにくく下がりやすい金融業（銀行、証券会社他）

金融機関は儲かっていない!?

続いて、具体的な「買ってはいけない業種」についてお話ししていきましょう。

「買ってはいけない業種」、まず1つめは、銀行や証券会社などといった金融業です。

意外と知られていませんが、金融機関はあまり儲かってはいません。

「ノルマで営業を縛って、高い販売手数料や顧客にわかりにくい複雑な商品を売ってきたことが、経営悪化という形で返ってきている」と金融庁の森信親長官が以前、厳しく批判していましたが、この言葉がすべてでしょう。

金融業は、手数料ビジネスから脱却を図りつつあるものの、顧客ではなく会社の都合を優先する企業体であること、また、インターネット証券の誕生や手数料の自由化から価格競争にも巻き込まれている状態です。

地方にある金融機関はメイン顧客が高齢化や世代交代、インターネット証券の登場といった流れについてこられず、非常に厳しいのが現状です。

銀行や証券会社、保険会社は駅前の一等地に立派な店舗をつくらなければならず、店舗や社員にかける経費が高すぎて収益を圧迫しています。さらに、本業である貸し出しについても安全性重視の姿勢を続けているばかりか、マイナス金利の影響で貸出金利も低下せざるを得ないため、影響はかなり大きいものがあります。逆風も当分続くと思われます。

全国銀行協会の賀詞交換会で麻生太郎金融相が「金貸しが金貸さないでどう商売するのか」と発言したほどです。


銀行株は景気の変動が業績にすぐ反映されるうえに、他の業種に比べて好景気になっても株価は上がりにくく、下がるのは他の業種より早く、下落が止まらないという特徴があります。

証券会社も同じく景気の変動を受けやすい業種です。証券会社が儲け出すということは株式の売買や投資信託の販売が拡大する、つまり株価が上昇している目安になります。

株価上昇が続くこともありますが、儲かれば儲かるほどバブルに突入している可能性も高くなるため、金融機関の明るい話題は用心したほうがいいでしょう。

個人投資家が手を出す株ではありません。

銀行、証券会社が勧める金融商品の罠

また、銀行、証券会社が勧めてくる金融商品も、安易に手を出さないほうがよいでしょう。

先ほどもお話ししたように、今や金融機関は手数料ビジネスに力を入れざるを得ません。証券会社は従来の手数料収入依存から、顧客の資産を管理して安定収入を得るアセットマネジメント業務（いわゆる投資信託の販売）に力を入れています。商品を一度販売してしまえば、顧客が保有を続ける限り、毎年安定的に収入が得られます。

たとえば、最近よく見られる、「退職金専用定期預金」もその一つです。

文字どおり退職金をまとめて預けることで、通常よりも高い金利を得ることができます。条件は限られていますが、私が見たチラシには、最高で年利２・０％と、大手銀行の１

年定期は０・０３％くらいの金利の時代に、定期預金にしては驚くような高金利のものまでありました。

年利２・０％と宣伝しつつ、その金利が適用されるのは預け入れから3か月のみで、４か月以降は０・０３％に戻り、満期になったら普通預金に切り替わるのです。


ほかにも、「仕組み預金」といって普通預金よりも高い金利が受け取れる金融商品を勧めてくる金融機関もあります。元本保証があったりなど、一見、有利なように見えるものの、満期まで満たないと元本割れしてしまったりなど、デメリット部分がだいぶ高リスクな商品もあります。

最初は普通預金よりも少しだけ金利の高い預金という入り口を作り、そこから仕組み預金による解約ペナルティや投資信託への購入促進などによる収入で利益を確保、という流れが透けて見えそうです。

超短期定期預金や仕組み預金に預けないよう、ご注意ください。

買ってはいけない業種②

02 株価の読みが一筋縄ではいかない国際優良株

収益変動要因が多すぎる

「買ってはいけない業種」、**続いては、国際優良企業の株こと、国際優良株です。**

国際優良株とは、その名のとおり、世界中に自社の製品を輸出して外貨を稼いでくる会社の株のことです。

会社名を言えば誰もが知っているほど知名度が高く、給料や福利厚生もしっかりしている、働く立場としてみても好評価な会社が多い業種のため、買ってはいけない業種に入ることに驚く人も多いかもしれません。

しかし実際、「この会社なら大丈夫」と安心して保有したものの、**株価も業績も安定拡大していくことはほとんどありません。**

海外での仕事を主にしていることから、本業とは関係のない海外情勢や為替レートなど、複数の収益変動要因（売上や利益など、業績が変動する要素のこと）があるため、売上や利益が予想よりも大きく動いてしまうのです。

国内が主なマーケットである小型株の場合、為替レートで株価が大きく動くようなことはほとんどなく、本業で売上を上げれば結果がついてくるというシンプルな構造であるため、予想を立てやすいのですが、国際優良株は、個人投資家が将来の利益予想を立てることが非常に難しい業種と言っていいでしょう。

国際優良株は、本業以外に次の3つの外的要因が業績に絡んできます。

1 景気

2 為替

3 セグメント

それぞれ見ていきましょう。

1 景気

日経平均株価に採用されるような大企業は自動車、機械、電気機器、製造業など、日常的に使われる商品ではなく、比較的単価の高い耐久消費財を扱っている会社もあります。耐久消費財は景気のいい時であればどんどん売れますが、不景気になると単価が高いため、消費者が購入しにくくなります。

自動車であれば、きっちりメンテナンスをしておけばすぐに壊れることはないため、新車を購入するのではなく、車検をもう一度通して、あと2年乗ろうと買い控えをするわけです。

2 為替

年間を通して為替レートが安定していることはほとんどありません。年間通じて20円以上変動することもあります。

円安のタイミングは輸出額が大きくなるため、企業業績はプラスに働きますが、逆に円高のタイミングはマイナスに働きます。

たとえば1000ドルのパソコンをアメリカで1台売るとします。為替レートが120

円であれば12万円の売上になりますが、80円だと8万円にしかなりません。**企業が決算短信などの資料で発表する「想定為替レート」は、年間を通して同じ為替レートで計算されます。**

為替レートが横ばいになる年はほとんどないため、業績が変化してしまうことが必然的に発生してしまうのです。

3　セグメント

セグメントとは、事業の種類や営業する地域ごとに分割された区分という意味です。

国際優良株は世界中に自社の商品を販売して利益を生み出していきます。

当然、景気のよい国もあれば景気の悪い国もあります。

景気が悪いと、耐久消費財は売れにくいと予想されることから関連株は売られ始めます。

また、本業が1つではなくいくつもの事業を持っている、いわゆる多角化経営の会社の場合、すべての事業が順調にいくかどうかもわかりません。家電製品は好調でもゲーム事業が悪くて業績の足を引っ張るというケースもあります。

国際優良株はこの3条件がすべてうまくいくことを前提に経営していますが、どの国やどの事業もすべて順調に進むわけではありません。

為替レートだけを見ても大きく動くように、**国際優良株は業績を左右する要因がその他の株よりも多く、投資判断が非常に難しいのです。**

☑ 国際優良株の弱点

国際優良株は国内および海外の機関投資家、つまり投資のプロが売買の中心となっています。

彼らはしっかりと企業を分析し、適正な株価を算出してから取り組んでいるため、株価の値づけミスがほとんどありません。さらに機関投資家は資金力が豊富で国際優良株など、時価総額の大きな会社を大量保有、もしくは売買するため、個人投資家がその中に飛び込み儲けるのは難しいと言わざるを得ません。

国際優良株の弱点は、今年、業績がよかったからといって来年も継続するといったことがほとんどないことでしょう。**業績が好調だったとしても、海外情勢や大きなマイナスイベントがきっかけで株価が急落することが度々発生し、長期保有がしにくいことです。**

しかも、企業規模（時価総額）が大きいため、マイナス要因に対する影響度も大きく、いったん悪い方向へ動き出すと、元に戻るまで多くの時間と労力を要します。

大企業は安定していると思われがちですが、安定しているのはブランド力だけで、業績や株価は、むしろ不安定な部類に入ります。

いい時（好景気）は本当にいいのですが、それはほかの株も同じです。株価上昇ペースは、むしろ小型株のほうが高いほどです。その一方で雲行きが怪しくなると、業績や株価も急落するのが国際優良株の特徴です。

着実に資産をつくりたいと考えるのであれば、買わないのが賢明でしょう。

03

買ってはいけない業種③

景気の変動がモロに反映 不動産業

倒産して株価が紙切れに

「買ってはいけない業種」、3つめは不動産業です。

不動産業とは、最初に土地を取得し、その後、住宅やマンションを建設し、それを販売することでようやく収益が発生します。

つまり、不動産業は先に多額の支出をし、それを回収するまでのサイクルが長くなります。約束手形などで支払いまでの期間を延ばすこともできますが、長すぎてしまうと取引先から不信感を持たれます。

また、魅力的な物件やニーズが高い駅前のマンションであればすぐに売れるでしょうが、だからといって常に完売するわけではありません。景気が悪くなると売れなくなってきます。

ここ数年は、不動産業が倒産するといったニュースは少なくなりましたが、リーマンショック以降しばらくは不動産業の倒産がいくつもありました。

比較的安定収益が得られる「J-REIT」も倒産し、パニックになりました。

「J-REIT」とは、日本版不動産投資信託のことです。言葉のとおり、不動産に投資するのがメインの投資商品です。

賃貸収入を分配金にしているので配当利回りや収益の安定性が魅力です。仕組みは他の投資信託と同じで、投資家から集めた資金を不動産購入にあて、賃料収入、テナント料等を利益として投資家に配分していきます。大家さんの株式版のようなイメージです。

通常は、借入金の返済額よりも賃貸収入が多ければ問題ありません。

しかし、2007年度までの不動産ミニバブルの終焉とともに、銀行からの資金調達が難しくなってきました。

そして、2008年10月、ニューシティ・レジデンス投資法人が資金繰りに行き詰まり、東京地裁に民事再生法の申請を行いました。信用度の目安でもある格付けが下がったことによる支払金利の上昇が決定的となり破綻したのです。

2001年のREIT市場創設以降、現在に至るまで唯一の破綻ではありますが、不動産業は資金が効率よく回らないとすぐに業績が悪化し、一気に倒産まで進んでしまうということです。

リターンも高いがリスクも桁外れ

不動産株を「四季報」でチェックすると、どうしても費用が先行するため、有利子負債が多いです。なかには利益剰余金の5倍や10倍、自己資本比率が10～20％台という会社もあり、財務面は決していいとは言えません。

そういったデメリットを見越して、PERは全体的に低く1桁台から10倍台程度と割安度は高いのですが、景気が下降局面になると天井時の株価から5分の1とか10分の1になる会社もあり、株価の変動が大きすぎるのです。そういった株をつかんでしまった場合、一生後悔することになります。

不動産株は景気の底で買うことができれば、株価が数倍とか10倍以上になる株式もあるため、それを魅力と感じて投資する人もいますが、退職金ならなおさら買う株ではないでしょう。

かなりのハイリスクになるため、むしろ投機に近く、大やけどをする可能性も高いです。大事な退職金等を、そんなハイリスクな使い方をすることはオススメできません。

株価の変動がとても大きい特性を利用して、景気の底のタイミングでうまく株を購入できれば、株価が暴騰する機会にも出会えますが、不景気は思っているよりも長くなる場合もあります。

景気の判断は、歴史を振り返ってみて、ここが景気の転換点だったとはじめて言えるものです。

不景気の最中に「このタイミングが底だ」と判断したところから、さらに悪化することもあるのです。

業績低迷時から回復、さらに拡大していく過程に投資する株の種類を「業績回復株」(今は赤字決算だが、黒字に転換しそうな会社、もしくは低迷していた会社の業績が戻ってきそうな株のこと)と言います。

こういった会社は、前期決算時との変動幅や率も大きいため、投資家の注目が一気に集まりますし、黒字決算額が大きければ大きいほど株価も一気に跳ね上がります。

見つけ方としては、「四季報」の業績欄、過去の業績推移から判断できます。

赤字会社の場合、株価が100円以下の株（別名、ボロ株）もあります。黒字転換しただけで、マーケットの評価が一気に変わり、株価が数倍まで上がることもめずらしくありません。

業績回復株は目論見どおり回復すれば大きな利益となりますが、赤字が続いたり、さらに拡大した場合、最終的に倒産します。赤字の不動産会社に投資することは、業績回復株の中でもいちばんリスクが高い部類に入ります。

私自身も過去に業績回復株への投資をしたことがあります。業績が黒字転換から成長軌道に乗る直前に投資すれば利益は2倍どころではないと思っていたのですが、思った以上に難しいというのが本音です。

その理由は、**業績が好転するケースが思っている以上に少ないのです。**

最安値圏を狙って投資したので含み益になっていますが、どちらも長期間保有しているにもかかわらずリターンはお粗末。

また、配当金についても業績が回復しないため、1つは気持ち程度、もう1つはゼロです。

配当は今後も期待できませんし、業績好転までにはさらに長期間の保有が必要でしょう。業績と配当金、株価の回復が実現するかどうかも未確定です。

会社の負債が増え資産が減り続けていることは、株主にとって時間的にも精神的にも負担が大きいです。儲かっていない会社はどんな大会社であろうと価値も資産も減少していきます。

その過程でも、株式の希釈化など既存株主の価値が失われる施策が実施される可能性が高まることや、**業績が回復しないという心理的な負担が大きい**です。

業績回復株は、タイミングが合えばドカンと儲かりますが、すべての銘柄が復活するわけではありませんし、可能性も思った以上に低いです。

それでも投資をしたい場合は、不景気から好景気へ景気が一回りする経験をした後、そして投資経験を10年くらい積んだ後に、取り組んでみてください。

04

買ってはいけない業種❹

イメージにダマされてはいけない航空機産業

☑ 個人投資家に人気だが、収益となる路線は限られ、ライバルも強すぎる

「買ってはいけない業種」、4つめは航空機産業です。

航空産業の株式は人気があるため、意外に思った人も多いかもしれません。

パイロット、CA、ファーストクラス……など、華やかなイメージの航空産業ですが、実態は航空機で人や物を目的の所に運ぶ運輸業の一つです。他の運送業（鉄道やトラック、船舶での輸送）と同じです。むしろ、輸送コストが大幅にかかる一方、一度に運べる人や物は限られているため、儲からない業種の一つでもあります。

さらに、飛行機を購入するのに数百億円の投資が必要であることや、国内では寡占《かせん》企業であっても、世界の航空会社と戦い続けなければならないこと。そして最大のネックは、

ドル箱となる路線が限られていることでしょう。

たとえば、有名なボーイング社の最新の機材787―8型機はカタログ価格で約2億ドルとなっています。もちろん交渉して実際の仕入れ値はまた違うのでしょうが、それでも日本円で230億円前後するのです。これを一度に何機も注文するため、投資額は数千億円となります。新型機の導入は話題性や燃費の向上などといったメリットもありますが、トラブルもまた起こります。

2013年、駐機中の日本航空（JAL）機と飛行中の全日本空輸（ANA）機にバッテリーからの出火事故が発生し、アメリカ合衆国連邦航空局（FAA）は耐空性改善命令を発行、運航中の同型機すべてが世界中で運航停止になるといったことがありました。人的被害はなかったものの、JALとANAは、所有するすべてのボーイング787の飛行を自主的に停止することとなりました。

さらに、航空機産業は世界中の大企業と戦うことになります。

JALとANAにおいては、日本を代表する大企業なのはよくわかりますが、海外の航空会社はそれ以上に大企業ですし、なかには国営企業もあります。民間企業はコストや利益を考えて経営をしなければなりませんが、国営企業は気にする必要がありません。しかも、飛行機が飛ぶ路線は限られており、なかでもドル箱路線はほんの一部です。そのような企業を相手に戦い続けるのは非常に厳しいと言わざるを得ません。

航空機産業の問題点はこのほか、天候、燃料、経済状況、競合との価格、サービス競争など多岐にわたります。

企業努力だけではどうにもならない要素が多く含まれているのです。

☑ JALやSKYの経験から学べること

過去10年を振り返ってみても、航空機産業は2度の倒産があります。

1度目が2010年1月、JALが会社更生法を申請しました。

現在、JALは上場しているため（2012年再上場）、JALが倒産したことを忘れていた方もいるかもしれません。

JALのような知名度も人気もある企業（就職人気企業ランキング14位 http://toyokeizai.net/articles/-/2402）の株でも、利益を出せていない会社は倒産という運命をたどります。

ちなみに、倒産する以前の業績ですが、前述したエルピーダメモリ（77ページ）と同じ

JALの純利益推移

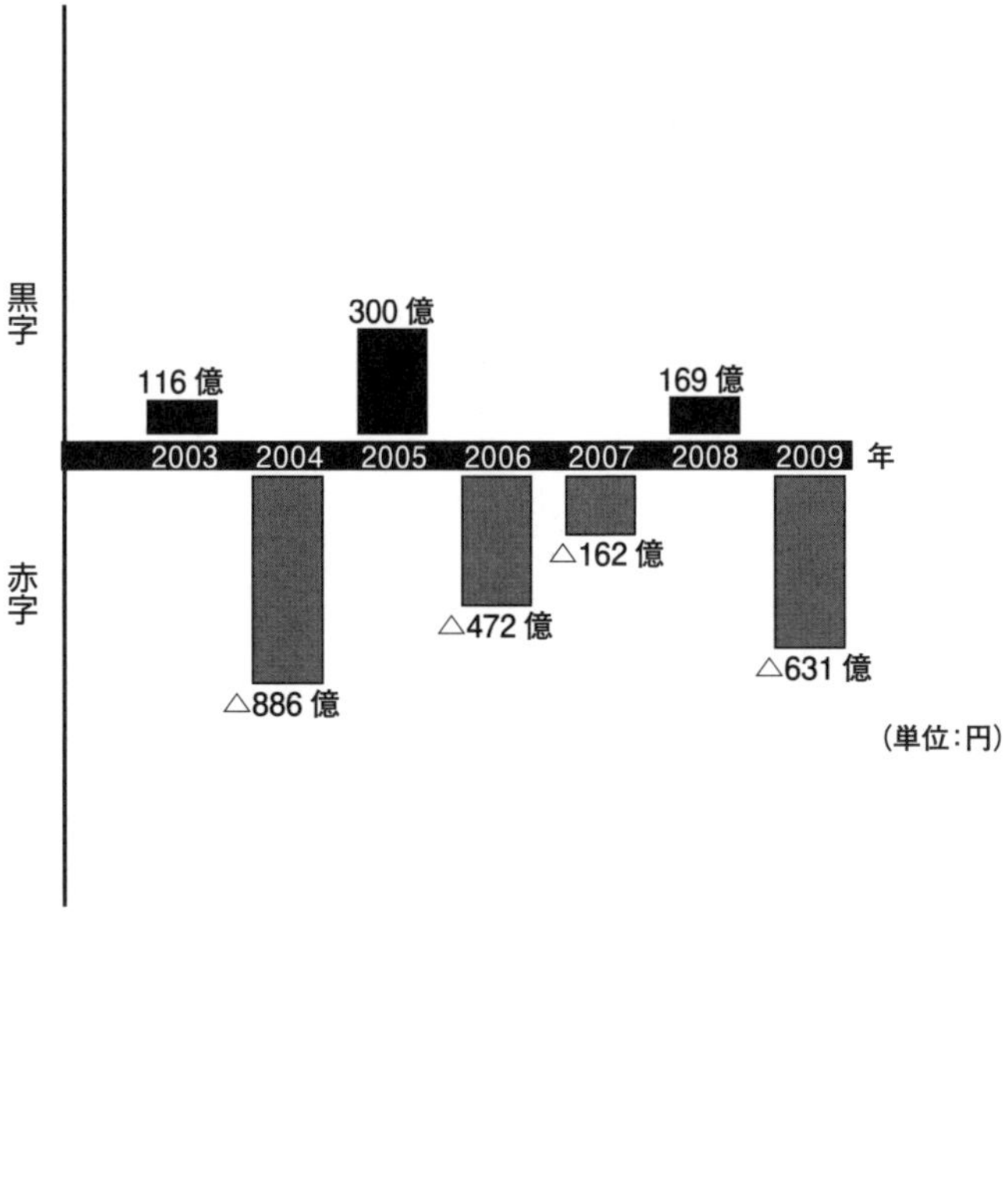
黒字
赤字
116億
300億
169億
2003
2004
2005
2006
2007
2008
2009
年
△886億
△472億
△162億
△631億
(単位:円)

く、黒字と赤字の繰り返しです。

さらに利益剰余金はマイナス1593億円、有利子負債は8428億円となっていました。客観的なデータを見ていけば、この会社が買うに値する会社かどうかすぐに判断できるでしょう。


2度目の倒産は、スカイマーク（9204）です。

同社を破綻へ導いた大きな要素が最新鋭の超大型旅客機のエアバス「A380」です。1機の価格が当時の為替レートで約280億円もするのですが、同社は6機の契約を結びました。

その後、2014年に2機をキャンセル（最終的には全6機をキャンセル）しましたが、巨額な違約金や経営不振が続いたことにより2015年1月28日、民事再生法を申請する方針を固めました。

同時に上場廃止も決定し、多くの個人投資家が後悔することになりました。

「Forbes（フォーブス）」などで公表された世界の富豪、長者番付ランキングでおなじみ

スカイマークの株価チャート

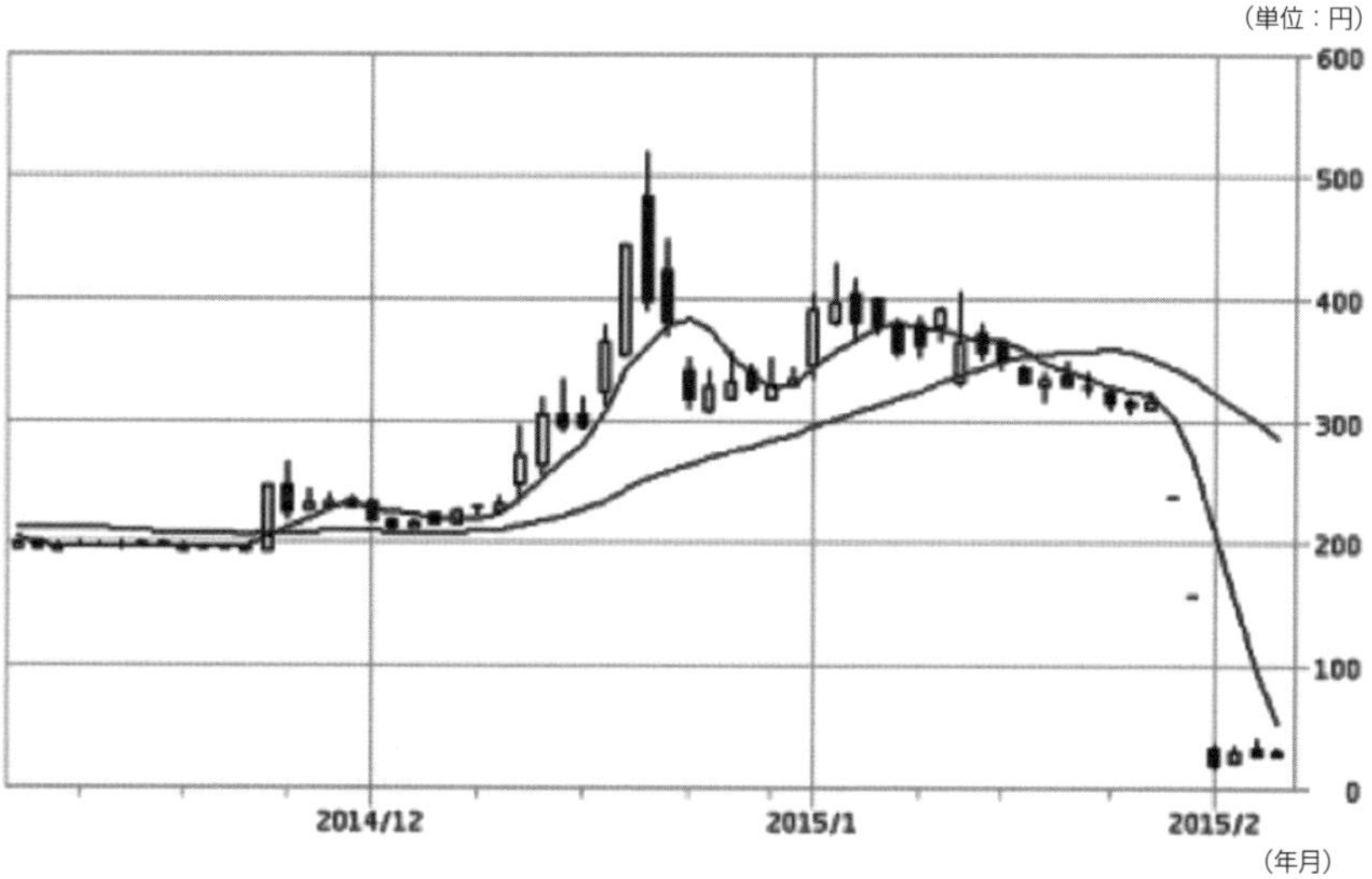

(出典) カブドットコム証券

投資の神様、ウォーレン・バフェット氏も航空機産業に投資したことがあります。氏は自分が航空機産業に投資したのは、「一時的に頭がおかしくなった」と言ったそうです。

航空機産業は、消費者という視点から見たら素晴らしい会社なのですが、株主という視点で見ると、避けたほうがよい。危ういということです。

儲からない会社だと気づいたら、いくら魅力的な会社であっても冷静に数字で判断し、投資対象から除外するようにしてください。

買ってはいけない業種⑤

段違いで高リスク バイオ関連株

05

それでもバイオ株を買いますか？

「買ってはいけない業種」、最後はバイオ株です。

バイオテクノロジーは、「夢のバイオ」と言われ、もてはやされた時代がありました。体の中にミクロサイズの機械を入れて、手術をせずに治療する方法や病気になる前に治療する薬など、それこそ夢のような話がたくさん出ていましたが、未だに医療革命を体感することはできていません。

ここまで、買ってはいけない業種を4つ取り上げ紹介してきましたが、この「バイオ関連株は段違いで高リスクです。

「四季報」のコメントや業績欄を読んでみると、非常に高リスクだとわかるはずです。

まずは業績について。

四季報で過去の業績を見ると、赤字の年ばかりです。過去5期連続赤字というのはめずらしくなく、**なかには売上高よりも赤字額のほうが大きくなるという、通常の決算書では見られないような数値が見られます。**

私は「四季報」が出ると毎号隅から隅まで上場企業の業績を調べるのですが、赤字額が売上高よりも大きい業種は、バイオ関連株だけです。

それでも個人投資家がバイオ関連株を保有したりするのは、再生医療や創薬分野が現在の医療に革命を起こすような可能性を感じるからです。

まさに夢を感じられる魅力が詰まっているのですが、夢を餌に投資家から資金調達しているようにも感じるのです。バイオ関連株の株価推移を見ると、投資ではなく投機に近い感覚なのです。

一発狙いの投資はギャンブルと同じです。

ギャンブルで資産を確実につくるのは、無謀としか言えません。

06 一攫千金狙いをやめると運用成績が向上する

積み重ねが確実に資産を増やす

投資を続けていくと、どうしても一攫千金を夢見る気持ちが出てくるものです。地道にコツコツ資産を増やしていくよりも、少ないチャンスが来た時に資金を一気に投入して資産を倍増させようとする気持ちはよくわかります。

しかし、大成功が起きる可能性はほんのわずかと思ったほうがいいでしょう。滅多にないからこそ、大成功が目立つのであり、一攫千金などということはほとんどありません。

1つの仕事で巨利を得るのではなく、小さな利益を積み重ねながら、複利効果を活用して着々と増やすほうがお金持ちになれる可能性は高くなります。

☑ 双曲割引にダマされない

A「今すぐ10万円をもらえる」
B「1年後に11万円をもらえる」

2つの選択肢があるとします。

「あなたなら、どちらを選びますか?」と聞かれたら、ほとんどの人はAを選ぶでしょう。じっくり考えると、Bは1年で10%のリターンがあることがわかります。

今の時代、10%の利回りがある金融商品はかなり高利回りです。冷静に考えるとBを選択したほうがよいにもかかわらず、実際は今すぐという言葉についつい眼がいき、Aを選んでしまうのです。

このような心理は株式投資の運用成績、売買タイミングにもあらわれ、株価が高くなると株を買いたくなる、その株式が気になりだすという現象も起こります。

モノを買う際は、価格が高い時ではなく安い時を狙うのが賢い選択なのですが、なぜか株式の場合、高くなると儲けを逃すという心理が出てくるのです。

こういった心理のことを「双曲割引」と呼びます。

双曲割引とは、行動経済学の用語で、今までの経済学理論では説明できない非合理的行動、この場合、損をする選択をしてしまうことを言います。

自分では、最善の選択をした（つまり、いちばん儲ける行動、決定をした）と思っているのですが、そうではない選択肢を選んでいるのです。

A、Bの選択肢においては、B、つまり1年後に10％のリターンを追加した11万円をもらうほうが、賢い選択です。

しかし、**人は今すぐもらえるという誘惑に弱く**、それが要因となり判断が逆転してしまうことが頻繁に起こります。

たとえば、ダイエットをしている人でも、摂取カロリーよりも食欲が優先される時は頻繁に起こります。飲酒、喫煙習慣も同じで、人は将来の健康被害よりも、今の気分を優先させるのです。

バイオ関連株は短期間で株価が大きく動くことや将来の可能性、夢など、魅力的な要素が多く詰まっていますが、最終的なリターンはお粗末な結果になるため、複利効果を第一に考えて投資対象から外しましょう。

株式投資は資産運用であることを忘れないことです。

人は、投資で負けると、それを取り返そうという心理が知らず知らずのうちに発生します。

取り返す方法も、資産運用と同じやり方でコツコツ挽回していけばいいのですが、損失を一気に挽回しようとする行動に走りがちです。

情報収集や業績の確認という正攻法ではなく、自分の身近な株価変動の大きい会社を優先しがちです。

そういう会社が本章で取り上げた会社に多く存在するため、知名度やブランド力で投資先を選ばず、その裏に隠れているリスクを再認識しましょう。

第4章

すべてのシナリオで勝ち抜ける投資法

～有望な高配当株の見極め方～

01 高配当株は有望株の筆頭

☑ 配当金をもらい続ける夢のような投資法

1章では2017年度以降の株価について3つのシナリオを提示しましたが、実はすべてのシナリオで勝ち抜ける投資法があります。

それは、**高配当株に投資することです。**

高配当株とは文字どおり、株価に対する配当金の割合（%）が他の株に比べて高い株のことを言います。

高配当株の明確な基準はありませんが、配当利回りは1%以下から2%台の株が大半のなか、3%を超えるものや5%を超えるものもあります。

高配当株投資は、長期で安定した配当金をもらい続けるスタイルです（配当金プラス株主優待を目的に投資している人も含む)。

私は高配当株が好きで、多くの銘柄を保有しています。他の株式にはない強みがあるからです。

それは、リスクを追いかけなくていいことです。

相場下落時も株価が比較的安定

たとえば株価が1000円で配当金が30円、配当利回り3%の会社があるとします。

1章でお話しした3つのシナリオ「①メイン・株価上昇」「②サブ・株価下落」「③想定外・株価暴落」に沿って、高配当株の動きを見ていくと、シナリオ①の場合、株価も相場全体のムードや新規資金の流入など、追い風があるため、大きな下落はなく、株価も上昇傾向になるはずです。

しかし、シナリオ②が起こり、株価が750円まで下がったとします。

こうなると100株保有で2万5000円の損失となるものの、配当金の30円は変わらないので配当利回りは4%まで上昇することになります。高い配当利回りそのものが1つの好材料となり、株価が反発していくのが高配当株の特徴です。

もし、シナリオ③が起こり、株価が600円まで急落したとします。すると配当利回りは5%まで上昇します。ちなみに、配当利回りが5%という株式はほとんどありません。

成長株の場合、企業が生み出した利益の大半を次の成長に回してしまうため、配当利回りがとても低いですし、業績回復株の場合、赤字であればもちろん配当金は出せません。成長が鈍化すると、投資家にすぐ見切り売られてしまいます。

株式投資はリスク商品ですから、定期預金や国債と違って元本目減りリスクや、投資先が倒産することで、ゼロになる怖さもあります。投資先を選定することで、倒産リスクはほぼゼロまで減らせますが、元本が目減りするリスクは減らせません。企業がしっかり儲けていても、市況や突発的な悪材料で大きく下落する局面もあります。

ところが、そういったタイミングであっても、高配当株は高い配当利回りそのものが株価下落のブレーキの役目を果たします。

配当金を多く出せる会社イコール利益を毎年出している会社、とも判断できるため、**高配当株は相場下落時も株価が比較的安定しています。**長期で資産運用を考えている方は、リターンよりもリスクが比較的低めの高配当株を保有してみてください。過去の業績が堅調な銘柄は、株価も比較的安定しており保有していて安心感があります。

02
まずは10万円で5つの高配当株を買う

高配当株の強み

高配当株の強みは「バブル時代の安全資産並みの配当利回り」「リスクが比較的低い」ことですが、**「配当金と売却益で儲けられる」**というメリットもあります。

国債や定期預金は債権に投資するため、あらかじめ金利が決まっている一方、会社がいくら儲かっても、受け取れる利息は1円も増えません。

しかし株式への投資は出資金に分類されるため、投資先の企業が利益を増やせば増やすほど株式価値が上昇し、株価も上がります。

さらに配当金も増えるケースが多く、成長を続ける株式に投資すれば、5年、10年というタイムスパンでは元本が1・5倍どころか2倍以上になる可能性も十分あります。

株価1000円で配当利回り3％の株式を50歳で取得、10年保有を続けたとします。受け取る配当金が変わらないと仮定した場合、投資額の30％を受け取ることができるため、保有期間中、株価がまったく変化しなかったとしても、10年間で受け取るお金の合計は当初の1・3倍になります（配当金、売却益には税金がかかる）。

配当利回りが3～4％を超える株式はたくさんありますから、そういった株式に10年、20年と長期投資をすることで、配当金がもらえるだけでなく、株価変動のリスクを抑えることが可能です。

最終的な売却益も含めると、投資先としてかなり有望といえるでしょう。

☑ 少額投資から始めるメリット

もちろん、リスク資産への投資なので、すべてが成功するわけではありません。株式投資は経験や目利き力が重要です。

そこで、私が提案したいのが、**「まずは10万円で5つの高配当株を買いましょう」**ということです。

「10万円だと10％のリターンでもたった1万円にしかならないじゃないか」と、100万円もしくは1000万円など、一気に大きな資金を投資しようと考える人も多いでしょう。

しかし、あなたが思っている方向と逆に動いて10％のマイナスリターンとなった場合、10万円の投資であれば1万円ですむところが、1000万円なら100万円の損失となってしまいます。その恐怖に耐えられなくなって、投資が嫌になってしまったり、実際に損をしたりして、株の楽しさを知る前に、株式投資は儲からないと結論づけてしまうケースも見受けられます。

そうならないためにも、まずは少額投資から、気軽に始めていきましょう。

5銘柄程度への分散投資をオススメする理由は、大きく分けて次の3つです。

●個人的な経験からのアドバイス
●集中投資は精神的にキツイ
●投資に絶対はないこと

第一の理由は、一度の投資で大きく成長していく株を見極めることも、その株を保有し続けることも非常に難しいという私自身の経験です。

そもそも投資を始めたばかりの頃は経験値が圧倒的に少ないため、果たしてどれが本当の有望株なのかがわかりません。「過去のチャートや株価推移を見れば一目瞭然では？」とご指摘を受けそうですが、実際そう簡単にはいかないのが投資です。

保有中は常にお金を損するという不安がつきまといますし、現実に株価が下落して初めて「リスク」の意味が体感できます。

集中投資は精神的にキツイですし、いくら信じて理解している株でも投資に「絶対」はありません。いくら自信があったとしても1銘柄へ集中投資せず、分散させてください。5銘柄に分散投資をすることで、各銘柄の値動き、業績推移などの変化を比較でき、集中投資と比べてより多くの経験を積むことができます。

その中で本当に強い株を見つけたら特定の銘柄へ投資割合を増やしていけばいいのです。私も最初は1単位のみ購入し、その後、業績推移を確認しながら何度も買い増しして保有株を増やしています。

現在、30銘柄以上を保有していますが、保有株の中でも特に有望と思える株の保有株数を増やすことで利益も増大してきました。

それに、保有している株はいつか売ることになりますが、その時も、分散投資のほうが、どの株を売り、どの株を持ち続けるかの判断がしやすいのです。

10万円という少額投資についてですが、私の場合、100万円、200万円を一度に投資することはほぼありません。

例外的に1株が1万円を超える株や1000株単位の場合、100万円を超える投資になりますが、10万円の投資と違ってより慎重に判断します。投資先やタイミングが間違っていた場合、損を確定させるにせよ、持ち続けるにしろ、金額が大きくなるからです。儲けようとするより、損をしないことを意識した投資のほうがリターンは高い。これが私の実感です。

☑ 金のニワトリ型資産にフォーカスしよう

イソップ童話で金の卵を産むニワトリという話があります。

この童話では、ある日、ニワトリが金の卵を1つ産みます。男はビックリして「これはすごい！　高く売れるぞ！」と叫びました。

ニワトリは次の日も、また次の日も、毎日1つずつ金の卵を産みました。最初は満足していた男でしたが、欲が出て、ニワトリのお腹の中には金の塊があるに違いないと思い込み、ある日、ニワトリのお腹を裂いてしまいます。しかし、お腹の中には金の塊などなく、男は貧乏に逆戻りしてしまったのでした。

これと同じようなことが、投資の世界では形を変えてよくあります。

配当金を生み出す株式や投資商品を換金し、自分の欲に負けて贅沢品に換えてしまうのです。

しかし、お金持ちになる人は、金の卵を産んでくれるニワトリを食べてしまうようなことは決してしません。

金のニワトリを育てるのはもちろん、生まれてきた金の卵も温めてヒヨコにします。

ヒヨコを育て、そこから新しい金の卵をどんどん産ませます。最初は1日1個だった金の卵を、1日2個3個と、たくさんの金の卵を生み出す養鶏場をつくるまでに成長させていくのが本当のお金持ちになる人の考え方です。

これが高配当株投資の極意です。

売却益や配当金を貯め、再投資することで、資産の増え方は大きくなっていくのです。

03 高配当株の成功パターン「3つのIN」に注目

3つのINとは何か

それでは、高配当株に投資をして、配当金を受け取りながら、なおかつ最終的に売却益も得るという、いちばんおいしい株の見つけ方について述べていきましょう。

株で成功する人は、すでに成功している人の経験や知恵を学ぼうとします。書籍やブログ、メールマガジンなどの経験者の情報をたくさん読んで、投資法を真似てみることが遠回りのようで近道です。自己流で頑張っても、失敗パターンを繰り返して資産を減らし続けてしまいます。

149ページの表、「NISA口座　株式買付総合ランキング」を見てください。

NISAとは、株や投資信託などの運用益や配当金を一定額非課税にできる制度です。

配当利回りをチェックしていくと、3～4％台の株がズラッと並ぶため、高利回りに注目していることがよくわかります。

ランキングを順番に見ていくと、1位みずほフィナンシャルグループ（8411）、4位三菱UFJフィナンシャル・グループ（8306）は、3章、買ってはいけない業種で選んだ金融業です。2位キヤノン（7751）、7位日産自動車（7201）、9位トヨタ自動車（7203）もまた、買ってはいけない業種で取り上げた国際優良株です。3位シャープ（6753）、5位東芝（6502）はどちらも多額の有利子負債を抱えている企業です（予想配当利回りが書かれていないのは、配当金がゼロのため）。

シャープは台湾の鴻海《ホンハイ》精密工業の傘下に入り収益改善期待が高まっているといった事態があるにしても、東芝は過去何度も投資家の信頼を失う行為をしてきました。これからもまだまだ悪材料が出る可能性もあります。

SBI証券や松井証券など、カブドットコム証券以外の買い付けランキング上位にも、似たような銘柄が並んでいます。

NISA口座は個人にメリットがあるため、より個人投資家の傾向がつかみやすいのですが、知名度や配当利回り、逆転発想で株式を選びがちなので、**その裏にある財務や業績、**

NISA口座　株式買付総合ランキング

NISA口座　株式買付総合ランキング

（2016年12月1日～30日の約定金額）

順位	コード	銘柄名	市場	予想配当利回り(%)	株主優待
1	8411	みずほフィナンシャルグループ	1部	3.46%	−
2	7751	キヤノン	1部	4.47%	−
3	6753	シャープ	2部	−	−
4	8306	三菱ＵＦＪフィナンシャル・グループ	1部	2.40%	優待クーポン
5	6502	東芝	1部	−	−
6	4502	武田薬品工業	1部	3.65%	−
7	7201	日産自動車	1部	4.00%	−
8	2914	日本たばこ産業	1部	3.27%	自社商品等
9	7203	トヨタ自動車	1部	2.83%	−
10	4528	小野薬品工業	1部	1.54%	−

（出典）カブドットコム証券HP

および配当金の原資でもある利益の安定性に目がいっていないように感じます。専門家から見たら、リスクの高い株式を選んでいる傾向に驚きます。

私は２０００年から株式投資を始め、成功と失敗を繰り返しながら、いろいろな株式を買ってきました。そして、過去の売買を振り返ってみると、株価が上昇しながら、なおかつ配当金が増えていく株には、ある共通項が存在していたのです。

それが、次の３つのＩＮです。

1　純利益（Net Income）

2　増配（Dividend Increase）

3　タイミング（Timing）

それでは、３つのＩＮについて、成功事例を交えながらお話ししていきましょう。

04

3つのIN❶

純利益が増えれば配当金も増える

Net Income

高配当株選びの条件

多くの人は高配当株を選ぶ時、最も重視するのが配当利回りです。

「それが目的だから当たり前ではないか」と怒られそうですが、重要なのは、**目先の配当利回りよりも先に、企業の業績を最優先に見ることです。**

いくら配当利回りが高くても、過去の業績に大きな赤字が続いていたり、毎期不安定な数字であったりすれば、将来的に大きく配当金が減らされる可能性があります。そういった会社はなるべく保有対象から外しましょう。

イメージとしては、比較的業績が安定しつつ、できれば業績が伸びている会社が理想です。

それと同時に、会社の利益剰余金と有利子負債をチェックしていきます。この項目を見ることで、過去に会社が積み上げてきた貯金と背負ってきた借金の総額がひと目でわかり、業績の健全性を知ることができます。

有利子負債が多い会社は選ばないようにして、次の2つのことを確認します。

1　配当利回りを確認する

株価に対して何%が配当金になっているかを確認します。理想は3%から4%台ですが、2%台でも有望であれば買うようにしています。一時的な急落時は配当利回りが5%を超えるようなタイミングも出てきます。

2　配当性向も確認をする

配当性向とは、利益の中から何割を配当に回すか、そのパーセンテージです。それを公約として決めている会社。過去の割合から判断して今年もだいたいこれくらいだと判断できる会社。年度ごとにまったくバラバラという会社など、パターンはいくつかあります。

高配当株を選ぶ時の優先度

①配当利回り（×）

↓ ではなく…

①業績
※売上高や利益のこと

②次に配当利回り

配当性向を決めている会社は全体の平均としては約30%ですが、事前に把握しておきましょう。配当金が利益から計算しやすいことと、業績がよければ増配といううれしいニュースに出会えるからです。

配当性向がわかっている場合、配当金を以下の計算式で求めることができます。

1株利益　×　配当性向（30%の場合、0・3で計算する）＝　配当金

B社という会社の株を保有していたとします。今期の1株利益予想が100円で配当性向30%を公約していたとすると、配当金は30円と予想できます。しかし、予想していたよりも業績が好調で、1株利益が120円くらいになりそうだとしたら、実現した場合、120×0・3＝36円と自分なりに事前予想が立てられます。

配当金が予想より多くなることを増配と言いますが、**業績の進捗状況と配当性向を調べることで、増配が今後発表される可能性がある会社を事前に予測できるようになります。**

これらのことをチェックして、高配当株を選んでください。

まず純利益に注目する

株式投資の世界で業績と言えば、会社が過去に生み出してきた売上高や利益のことを指します。

利益には「営業利益」「経常利益」「純利益」の3種類があります。

営業利益とは売上高から経費（人件費や広告費など）を差し引いたもので、本業で生み出した利益になります。

経常利益は営業利益に加えて、受取利息や支払利息を増減したものです。借入金が多い場合、営業利益に比べて減少幅が大きくなります。

純利益は経常利益から、本業とは関係ない特別利益や特別損失などを加えて、さらに税金を引いたものです。ちなみに、特別利益は土地や不動産、有価証券の売却益など、特別損失は固定資産売却損、減損損失、災害による損失などがあり、臨時的に発生する費用です。

3つの利益を見比べていくと、今期は前期に比べて本業は好調なのか不調なのかなど、会社の細かい部分まで見えてきます。本業が減益なのに純利益が増加しているケースなどもあります。

高配当株の場合、3つのうち、純利益をいちばんに見ていきましょう。**なぜなら、純利益の一部が株主へ支払われる配当金となるからです。**

当期純利益が多ければ株主への配当金は増え、配当金が増えればそれを見込んでさらに株を買う人が増えます。結果的に、株価も長期的な上昇トレンドになるというわけです。配当性向やPER、1株利益といった指標もすべて純利益から計算されるので、投資家としては純利益を基本にしてください。

過去の配当金が安定している会社であっても、純利益が減少している会社には注意が必要です。

157ページの表はNISAの買い付けランキング6位にも登場した武田薬品工業(4502)の業績です。

過去5年分の業績と、2017年度の業績予想を抜粋しました。毎年180円の配当金が続いているため安定していますし、配当利回りも3%台後半と高いです。

しかし、注目していただきたいのは純利益、1株利益と1株配当金についてです。

1株利益とは、純利益を発行株式数で割ったものです。つまり、1株利益は配当金の原資にもなる数字なのですが、**なんと過去5年のうち、180円を超えている年は2013**

武田薬品工業株式会社の業績推移

決算年月	売上高	純利益	1株利益	1株配当金
2012年3月	1,508,932	124,162	157.3	180
2013年3月	1,557,005	148,583	188.2	180
2014年3月	1,691,685	106,658	135.1	180
2015年3月	1,777,824	▲145,775	▲185.4	180
2016年3月	1,807,378	80,166	102.3	180
2017年3月（予想）	1,700,000	93,000	118.7	180

売上高、純利益の単位は百万円。1 株利益、1 株配当金の単位は円　▲は赤字
（参考）武田薬品工業株式会社HP
FASF 資料「平成29年3月期　第3四半期決算短信［IFRS］（連結）」

年度だけで、それ以外はすべて180円を下回っています。さらに2015年度に至っては赤字のため、1株利益がマイナス185・4円にもかかわらず180円の支払いを継続しています。

2017年度の業績予想を確認すると、今期の1株利益は118円の予想となっており1株配当180円を下回っていますが、配当金を減らさず継続しています。

なぜ、こんなことができるのかというと、過去に積み上げた貯金、つまり利益剰余金を配当金の支払いのために取り崩しているからです。

実際、2012年度の利益剰余金は約2兆3000億円ありましたが、2016年度には1兆5000億円程度まで減少しています。その一方で、有利子負債は5700億円から9500億円まで増加しています。

海外企業のM&Aや研究開発費など、将来の成長へ向けた投資もありますが、この状況が続けば、今後は配当金を減らさなければ生き残っていけません。厳しい表現をすれば、タコ足配当の株式版です。

見た目の配当利回りではなく、純利益に注目することで、その会社が今後も配当金を着実に支払ってくれるのか、減配や無配となるリスクを含んでいるのかが見えてきます。

☑ 利益を伸ばしている会社の探し方　学究社(9769)

会社が将来生み出す利益を知ることができれば投資で苦労することはなくなりますが、タイムマシンでも発明しない限り、将来を正確に見通せることはできません。しかし、過去の業績を見れば、ある程度将来を予測することは可能です。

高配当株の場合は、会社の成長性やスピードよりも、業績の安定性が何よりも重要なので、なおのこと過去の業績を把握すべきです。浮き沈みの激しい会社ではなく、公務員のような、毎年安定して利益を生み出す仕組みを持っている会社を見つけ、そこに投資したほうが、株価は地味な動きになりながらも、**配当金を再投資することで、成長株に負けないリターンとなります。**

利益を伸ばし続ける会社を探すには、「四季報」の業績欄をチェックしてください。「四季報」の業績欄は過去3期、もしくは5期分の業績が一覧で掲載されています。

161ページの図は東京都西部地方に小中学生向けの学習塾を展開する学究社（9769）という会社の「四季報」データです。枠の中は過去5期分の業績が書かれています。左から順番に、売上高、営業利益、経常利益、純利益、1株益（1株利益のこと）、1株配（配当金のこと）です、純利益に注目してください。

２０１２年度は1億８４００万円でしたが、年度を追うごとに増加しているのがわかりました。２０１６年度は8億３２００万円まで増益を続け、配当金についても、２０１２年の20円から、２０１６年度には60円まで増加しているのです。

さらに、「四季報」は次期予想だけではなく、２期先まで予想を立てています。２０１８年度の配当金は「60～80」と記載されており、今後も増配が続くと予想できます。予想はあくまでも予想ですが、闇雲に投資先を選ぶよりいい成果となるはずです。

実際、私も堅調な業績と高い配当利回りに注目して同社を買いました。

最初は２０１５年5月18日、株価１２３７円で１００株購入しました。学究社の業績は年間を通して積み上げるタイプではなく、１Ｑ（４～６月）と４Ｑ（１～３月）は赤字になりやすく、２～３Ｑ（７～12月）で収益が一気に上がる傾向がありました。その点は事前に理解しておく必要がありますが、１年間を通した利益が順調だったため、まずは最低単元の１００株のみ購入しました。

ちなみに私の場合、一度に大量購入するケースはほとんどありません。購入を始めるタイミングは常に最低単元か、もしくは20～30万円程度の資金で購入し、業績をチェックし

学究社(9769)　：会社四季報

【サービス】　➡前号並み

9769 ㈱ **学《がっ》究《きゅう》社《しゃ》**

【決算】3月　【設立】1976.10　【上場】1985.12

【特色】東京西部地盤に小中学生向け塾「ena」展開。都立中高一貫校受験に強み。受験情報サイトも

【連結事業】教育97、インターネット部門3　〈16・3〉

【最高益】新設校10(前期11)。授業料値下げキャンペーンによる生徒単価下落が響くが、後半中心に生徒数増、講習拡充で補う。連続営業増益。普通60円配。18年3月期は出校前期並み、小中学生軸に生徒数堅調増。

【囲い込み】都立中学を受験した生徒に中学以降の継続促す。値下げ対象外の特別講習への参加率向上が課題。朝のテレビ番組に代わり、Webなど宣伝広告を多様化。

年月	【資本異動】	万株
87. 4	無1:0.1	702
05. 8	減資	674
15. 4	分1→2	1,349
15. 6	消却	1,070

東証	高値	安値
85~14	4600(86)	73(98)
15	2812(2)	1071(8)
16.1~11	1359(1)	1100(6)

	高値	安値	出来万株
16. 9	1220	1160	25
10	1300	1205	68
#11	1358	1200	65

【四半期進捗率】3期平均61.2%
今期57.8%(▲3.4%)
【格付】—

【業種】他個人サービス・製品
時価総額順位 34/91社
【比較会社】4718 早稲田アカ, 9760 進学会, 9795 ステップ

【株式】10/31　10,701千株
単位 100株　[優待]
時価総額 144億円
【財務】〈連16.9〉　百万円
総資産　4,793
自己資本　2,384
自己資本比率　49.7%
資本金　806
利益剰余金　1,629
有利子負債　306
【指標等】〈連16.3〉
ROE　32.6%　予41.5%
ROA　16.3%　予20.7%
調整1株益　—円
最高純益(16.3)　832
設備投資　443 予 ‥
減価償却　254 予 ‥
研究開発　‥ 予 ‥
【キャッシュフロー】百万円
営業CF　1,308(1,432)
投資CF　▲395(▲721)
財務CF　▲753(▲651)
現金同等物　834(674)

【株主】単7,693名〈16.9〉　万株
ケイエスケイケイ㈱　358(33.4)
日本マスター信託口　58(5.4)
資産管理サービス信託銀行信託B口　34(3.2)
河端真一　32(2.9)
日本トラスティ信託口　26(2.4)
カブドットコム証券　15(1.4)
資産管理サービス信託銀行年金特金口　14(1.3)
ノーザントラストAVFC・AIFNL10PCT　13(1.2)
荒川寿彦　9(0.8)
三菱UFJ信託銀行　7(0.6)
〈外国〉5.0%　〈浮動株〉29.9%
〈投信〉0.0%　〈特定株〉53.8%
【取締】㈹河端真一　池田清一　大久保治仁*　澁谷耕一*　永谷喜一郎*
【執行】㈹執河端真一　㈲池田清一　大島誠　⇨巻末
【連結】インターエデュ・ドットコム, GAKKYUSHA U.S.A

【業績】(百万円)	売上高	営業利益	経常利益	純利益	1株益(円)	1株配(円)
連12. 3*	6,584	535	542	184	16.0	20
連13. 3*	7,990	1,073	1,081	559	48.4	30
連14. 3*	8,559	1,088	1,104	595	55.0	40
連15. 3*	9,318	1,330	1,339	816	76.3	50記
連16. 3	9,711	1,409	1,418	832	77.8	60記
連17. 3予	10,000	1,520	1,520	990	92.5	60
連18. 3予	11,000	1,700	1,700	1,100	102.8	60~80
中16. 9	4,912	876	890	596	55.7	0
中17. 9予	5,400	980	1,000	670	62.6	0
会17. 3予	10,153	1,515	1,516	985	(16.5.13発表)	

【配当】	配当金(円)
12. 3	40
13. 3	60
14. 3	80
15. 3	100
16. 3	60
17. 3予	60
18. 3予	60~80
予想配当利回り	4.43%
1株純資産(円)〈連16. 9〉	222.8 (245.1)

【本社事務所】160-0023東京都新宿区西新宿3-16-6　☎03-6300-5311
【校舎】ena157, Cena1, マイスクールena35, egg1, ena新宿セミナー10, ena新宿美術学院3, ena家庭教師C1, ena国際部19
【従業員】〈16.9〉連414名 単320名(39.1歳)年472万円
【証券】上東京 幹(主)大和(副)日興 名三菱U信 監海南
【銀行】三菱U信, 三井住友, みずほ
【仕入先】—
【販売先】一般消費者

1834

いであ／学究社　　2017年1集

（出典）『会社四季報 2017 年第1集』東洋経済新報社刊

2年チャート

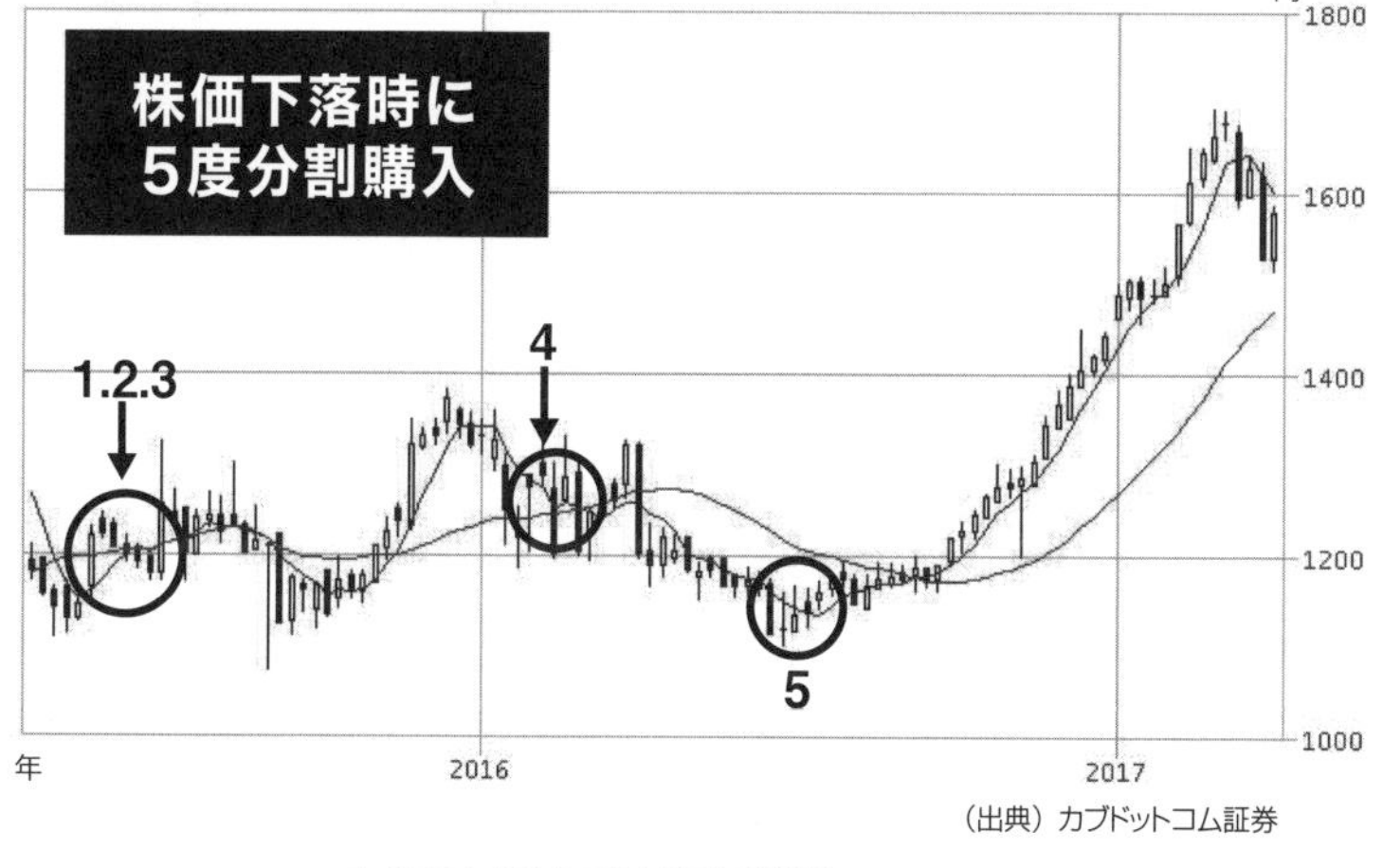

（出典）カブドットコム証券

ながら、順調、もしくは好調だったら、何回にも分けて購入するスタイルにしています。**株価も、割安だと判断したタイミングからさらに下げることもあるので、買いのタイミングも分散させるのです。**

それ以降、5月27日、株価1230円で200株。6月1日、株価1210円でさらに200株を購入。しばらく売買はなく、「四季報」と決算短信の業績チェックをする程度でしたが、前年よりもプラスだったため保有を続けます。

年が明けて2016年2月9日、株価1238円で200株、続いて12日、株価1205円で300株を買い増ししました。

このタイミングは日銀のマイナス金利発表、導入による市場の混乱から、日経平均株価が下落を続けます。2月12日は一時的に800円以上も急落し、1万5000円を割り込みました。そういった最中だと、なぜか優良な会社であろうとも、市場のムード悪化や将来への先行き不安から、すべての株式が下落していきます。

そのタイミングで虎視眈々と狙ったわけですが、すぐにいい方向へ動きました。

2月15日、学究社が配当金を従来の50円から60円へとする増配を発表。さらに100株保有で1000円分のQUOカードを株主優待として新設したのです。

うれしいサプライズとなりましたが、４か月後、英国のＥＵ離脱により、再び日経平均株価が急落。同様に同社の株価も急落したため、６月24日、株価１１０５円でさらに５００株を買い増ししました。ちなみに６月24日は日経平均株価が１日で１２８６円も下がる暴落となりましたが、**配当利回りは５・４％まで上昇しており、喜んで買いました。**

この最中は含み損となっていましたが、それ以降は株価も順調に上がり、本書執筆時点では株価が１５００円前後となっています。

売買タイミングは２０１５年から２０１６年にかけて５回に分けて購入しましたが、45万円ほどの含み益があります。

さらに昨年は６万円の配当金とＱＵＯカードを受け取りました。

今年は会社の予想どおりの配当金を受け取ったと仮定して９万円に、２０１８年は80円の配当予想が実現した場合、12万円の配当金を受け取れます。こういった会社をいくつか保有するだけで、あなたの運用成績は大きく変わっていくはずです。

アイ・アールジャパンHD(6035)

純利益の安定性や伸びに注目して選んだ高配当株の成功事例はいくつもありますが、純利益が大きく伸びて印象に残っている成功事例の1つが、アイ・アールジャパンHDです(HDはホールディングスの略)。

同社は上場企業のIR活動や株主総会の運営サポート、株主名簿管理や配当金の支払い代行業務など、株主にとって意外と身近なサービスを行う会社です。業務の内容が理解できることや、今後もニーズが拡大しそうなことから以前から気になってはいたのですが、株価が高く購入できずにいました。

また、上場間もないため過去の業績推移がチェックできないというデメリットがありました。ですが、業績がいいこと、また、先ほどもお話ししたように2016年6月の急落により株価が割安圏だと判断できるまで下落したため、株価700円で300株購入しました。配当利回りについても、この時点で4%を超えていましたので、続いて6月15日、株価665円で200株買い増しを実行しました。

それから約1か月後の7月29日、同社が1Qを発表します。

なんと純利益が前年比68・7%増の3億5400万円となりました。2Q以降も絶好調

株式会社アイ・アールジャパンHD　2017年1Q実績

（単位：百万円）

決算年月	売上高	純利益
平成29年3月　1Q	1,222　+20.4%	354　+68.7%
平成28年3月　1Q	1,015	209

1年チャート

（出典）カブドットコム証券

な業績が続けば、7億円程度まで積み上げられるのではと予想しました。その一方で会社の純利益予想は前年比15・5％増の5億1400万円を据え置いたままです。会社予想と実績の間に売上高で10％以上、利益で30％以上の開きがある場合、上方修正という発表をしなければならないルールがあります（基準に該当しない小幅な修正の場合でも企業側の意向により、業績予想の修正が行われることがあり、隠れ上方修正と呼ぶ）。

上方修正は、それ自体が株価上昇する注目度の高いニュースです。そのため、さらに買い増しする方針を決めました。

また、同社の配当性向に明確な基準はありませんが、昨年度の配当性向は約50％でした。7億円が実現すれば、配当金についても会社予想の28円から38円程度まで増配される可能性もあります。配当利回り4％と仮定しても、株価900～950円くらいまでは適正値だと判断しました。

7月30、31日は相場がお休みだったため、週明けの8月1日、株価800円で500株を追加購入。株価が750円以下になればさらに1000株購入しようと狙っていましたが、株価は一気に上昇し、10月には株価が1350円を超えました。

11月4日に発表された2Q決算短信では、純利益が前年比88・1％増の4億2700万円となり、1Q実績をさらに上回る成績でした。さらに同日、配当金を従来予想の28円から33円へとする増配も発表されました。下期にかけても好調な実績が継続した場合、予想どおり38円配当になる可能性がありそうです。

最初の購入時点からわずか数か月で株価が2倍になることは非常にめずらしいのですが、配当利回りだけではなく、**配当金を生み出してくれる利益と、その伸び率に注目することで、継続的なインカムゲインに加えて株価上昇によるリターンも同時に狙えるのです。**

もし、株価が1300円を超えたタイミングで売却した場合、55万円の利益となります。受取配当金は1年で3万3000円なので、売ったほうが一時的な資産は増えます。

しかし、次の投資で同じように成功できる保証はありません。それならば、同社の業績と配当金の成長を信じて保有を続けることで、金の卵はどんどん増えていくはずです。

30%の成長が4年続いた場合、4年後には約2・86倍になっていますし、配当金も4年後には90円を超えることも考えられるため（あくまで順調にいった場合）、私は保有を続けることにしました。**金の卵を育て、養鶏場をつくるためには、株をつかみ続ける握力が必要だと考えたからです。**

☑ ゲンダイエージェンシー（2411）

ゲンダイエージェンシー（2411）はパチンコ店向けの広告会社で、チラシ、DM、装飾用ポスター等企画制作。インターネットメディアも運営している会社です。

ご存じのとおり、パチンコ業界は定期的に規制が強化されており、広告に関しても厳しくなっていく一方です。店舗数は減少し続けていますし、パチンコやパチスロなど、ギャンブルに嫌悪感を抱く人も多いでしょう。

投資家からまったく見向きもされないため、不人気銘柄でもあるのですが、人気がないため、低いPER、高配当、無借金経営という、株主にしてみれば素晴らしい条件が揃っている銘柄が多いことに気づきます。

私が過去に保有し、現在も保有を続けているゲンダイエージェンシーは、常に規制との闘いでもありました。最初に保有したのは2012年で、その後、2013年4月に買い増しをして合計2000株購入しました。

業績は2012年で売上高が168億1900万円、純利益が11億7500万円でしたが2016年度は、売上高が169億1900万円、純利益は4億9000万円と減少し

ゲンダイエージェンシー株式会社の5年チャート

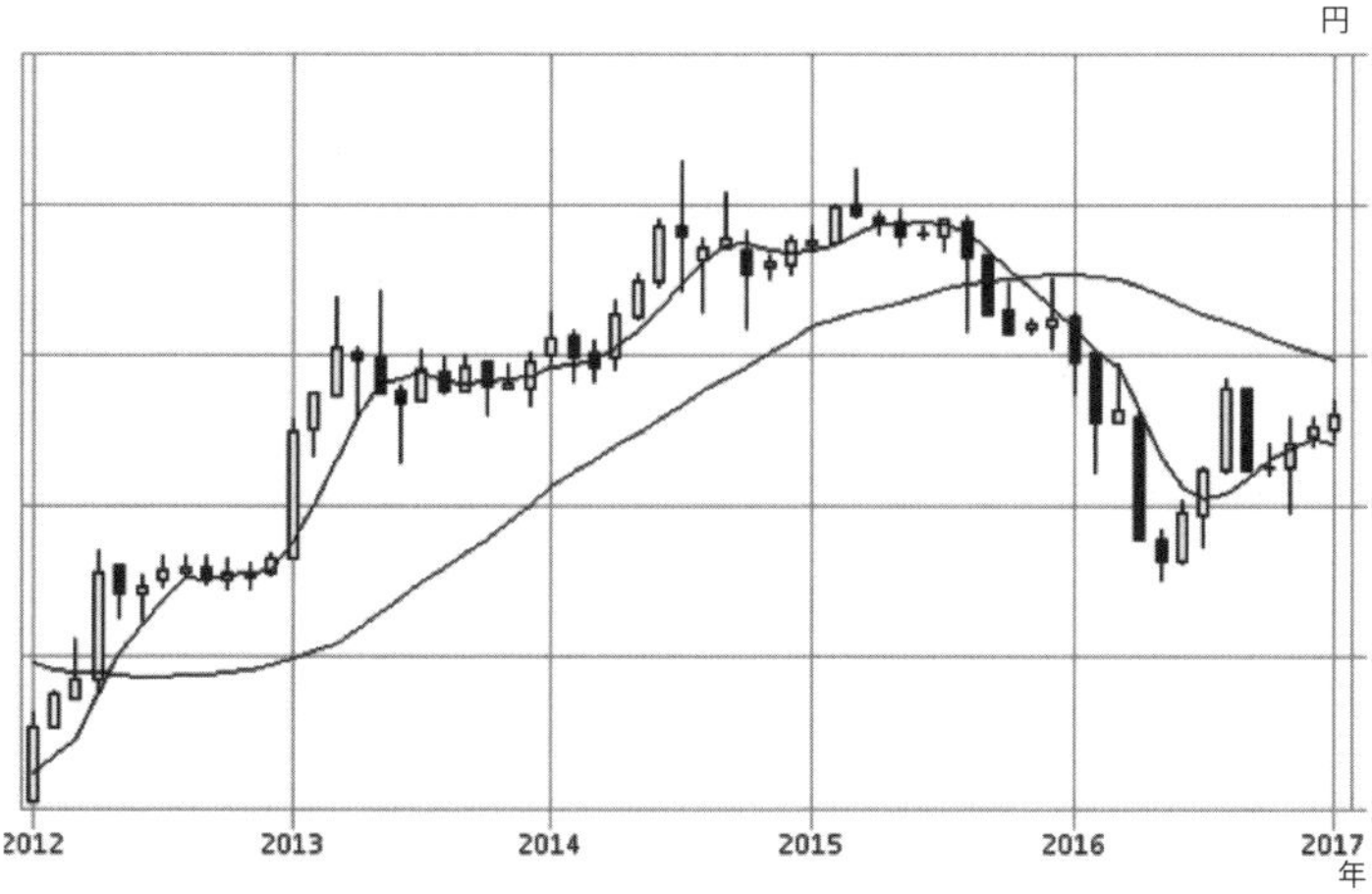

（出典）カブドットコム証券

ています。

2017年度は純利益が9億円予想となっており、最新の決算短信資料でも、前年比で大幅に伸びているため回復が期待できそうですが、**なぜ純利益が下がっている会社の株を保有し続けるのか。それは、同社は残存者利益が期待できるからです。**

残存者利益とは、成長が期待できる市場ではなく、競争相手が撤退した後、生き残った企業が残りのシェアを数社、もしくは1社で独占して得られる利益のことです。

成長が期待できる業種や産業は、これからの将来性を見込んで数多くの企業が押し寄せてきます。成長するマーケット以上に競争相手が増えると、最終的には価格競争になり、体力のない会社から潰れていきます。

実際、太陽光発電関連の会社は、倒産ラッシュとなっています。

ゲンダイエージェンシーはそういった**過当競争のまったく逆、成長性は失われても、それ以上に競争相手が減っていくマーケットで利益を出し続けています。**広告代理店など広告を扱う上場企業はいくつもありますが、パチンコ店向けに特化した会社はほとんどありません。企業の利益は減少傾向ながらも、配当金は大きな減少はありません。

2012年から約5年にわたり保有を続け、株価上昇による利益は数万円ですが、年に

2回届く配当金をもらい続けた結果、受取配当金の合計は20万円を超えていました。

ちなみに、残存者利益型企業の代表としてコロナ（5909）があります。

同社は石油ストーブやヒーターの最大手です。

暖房機器は電気やガスなどのほうが手間や費用も考えるとお得です。しかし、それは都心部だけです。地方に行くとガスは都市ガスよりも高いプロパンガスしか使えません。そのため、石油製品の需要が常に発生しています。

実際、私が昔働いていた職場の上司は、ちょっと田舎に住んでいました。昔からの家で、敷地がかなり広く、エアコンでは威力が足りないため石油ストーブがいくつもありました。

都会では考えられないことかもしれませんが、こういったニーズもあるのです。

割安な株式を発見するためには、人が注目していない、もしくは悲観的な見方をされている銘柄にあえてフォーカスしてみることも大切です。

3つのIN② Dividend Increase

05 増配が続く会社には共通項がある

☑ 増配を続ける会社の3つのパターン

会社が今まで予想していた配当金よりも増える発表をしたり、昨年度より配当金が増えたりすることを増配と言います。

逆に配当金が昨年度より減ってしまうことを減配、ゼロになってしまうことを無配と言います。高配当株狙いの投資家にとって、減配を発表されてしまうことは時としてありますが、無配となってしまう株をつかむことは極力避けなければいけません。

上場企業の配当金には、次の4つのケースがあります。

1　配当金が毎年一定している会社

2　増加を続けている会社
3　減少を続けている会社
4　ゼロ

あなたが狙わなければならない会社はもちろん2の会社です。

増配を続けている会社は、インターネットで「連続増配企業　ランキング」と検索すれば、すぐに出てきます。これももちろん増配を続けている会社ではあるのですが、1年で配当金が1円ずつしか増加していない会社が入っていたりします。

媒体によっては、配当金の据え置きを含めたランキングを掲載している場合もあるため、これだけで投資先を選んでしまうと、思うように成果が上がりません。そこで、視点を変えて、なぜ企業が増配をするのか、配当政策を強化する3つのパターンについてお話しします。

パターン1　指定替え

指定替えとは、現在上場している市場を変更することです。

具体的には、新興市場であるＪＡＳＤＡＱやマザーズから東証第二部へ、さらに東証一部へという場合と、新興市場から一気に東証一部に変更する場合がありますが、ようするに上位の市場に移動することを言います。

上場企業が指定替えをするメリットとして、資金調達が容易になったり、流動性や認知度の向上、株価にもプラス材料となったりすることがあげられるでしょう。しかし、どんな会社でもできるのではなく、いくつもの条件を満たす必要があります。

条件の1つに、株主数があります。新興市場から東証二部へ変更する場合は800人以上、東証一部の場合は2200人以上という条件がありますが、**株主数を増やすいちばん早い方法が、個人投資家を増やす。つまり個人投資家の目に留まりやすい特典をつけることです。**

私もそうですが、株主優待や配当金が高い会社に注目しがちです。そういったことを企業も熟知しているため、株主優待を新しくつくったり、充実させたり、配当金を思い切って上げたりします。

しかし、指定替えが達成されると、株主優待制度が改悪されたり、配当金がもとに戻ってしまうなどのリスクも含んでいるので要注意です。

パターン2　成長性の鈍化

先ほど、配当金は純利益が原資になるとお話ししましたが、もし、純利益のすべてを配当金に回してしまうと、企業にはお金が残りません。会社が生んだ利益のうち、配当金に振り向ける割合のことを配当性向と言いますが、**急成長をしている会社の配当性向は低く、成長が鈍化したり、成熟段階の会社は配当性向が高くなる傾向があります。**

もし、急成長している企業が大幅な増配を発表した場合、経営者側が暗に「この会社は急成長する見込みが少なくなった」ことを示し、純利益を企業成長ではなく配当金による株主価値の向上へと方針転換を図ったと捉えることもできるのです。

もしそうだった場合、増配は好材料ではあるのですが、その一方で、成長性が下がると予測した投資家が失望売りをし、株価が下落に転じる可能性があります。インカムゲインは増えても、キャピタルゲインはそれ以上にマイナスとなった場合、トータルでは損失になってしまいます。

パターン3　業績好調

3つめが業績好調による利益の上昇に加えて、配当性向により増配を続けていくというパターンです。配当性向は具体的に示している会社とそうでない会社がありますが、示していない会社でも、配当性向を計算してみることで、この会社はこれくらいなのだなと、確認できます。

配当金の計算方法については154ページでお話ししましたが、「四季報」や証券会社の上場企業情報をチェックすると、過去の業績が閲覧できます。

利益と配当金の推移をチェックして、大きくなっている会社を投資先に選びましょう（その他、例外的に、業績予想は減益にしながらも、次期以降は収益増加が見込めるというケースがある。たとえば、今期は臨時的な支出があるため減益となるが、次期以降はそれがなくなり業績が復活するため、配当金は減らさないとか、逆に増配を発表するケースもある）。

あなたは3のパターンを1つでも多く見つけるようにしてください。

配当利回り5％は買いか!?

2016年度は2月および6月に株価が大きく下がったため、優良株まで割安になる事態に。配当利回りが5％を超える株も出てきましたが、これは「買い」なのでしょうか？

私自身は買っていきましたが、すべての高配当株が買いではありません。やはり配当金の源泉となる収益力が安定している会社を選ぶようにしました。

景気変動で大きく業績が左右される会社や業種は避けましたが、それ以外の狙っていた株は購入しました。その一方、J‐REITは未だに買っていません。

不動産賃貸は安定して収入を得られるため、株式と比べるとミドルリスク・ミドルリターンなのですが、将来得られる配当金も今とほとんど変わらないというデメリットもあります。

私が現在保有しているREITで言えば、阪急リート（8977）があります。

2013年度は9万6136円、2014年度は10万1788円、2015年度は10万2080円、2016年度は10万7900円の分配金を受け取りました。

しかし、4年保有を続けて約12・2％しか配当金が増加していません。

一方、同時期に保有していた、フジ・コーポレーション（7605）の受取配当金推移は、2014年度は7万円、2015年度は8万円、2016年度は10万円、2017年度は12万円と、年度ごとに1～2万円単位で配当金が増えています。

同社の場合、4年保有を続けての配当金増加率は71・4%になり、さらに株主優待で商品券を1万円もらえます（両社とも保有期間中の株数は一定で増減はありません）。

この違いを生み出す要因として、企業成長率の違いもありますが、より大きいのは、株式分割による実質的増配の影響です。

J-REITの場合、株式分割をすると分割した分だけ配当金が均等に減るだけですが、株式だと、分割割合よりも配当金の減少幅が小さい場合がほとんどです。そのため、増配の材料プラス株式分割の効果で、配当金がどんどん増えていくのです。

「お金がお金を生む」「雪だるま式」というたとえがありますが、株式の配当金に関しては、それが当てはまります。J-REITは配当金支払額の安定度は株式に比べて高いですが、5年後も今と比べて急激な増配はありません。

その一方、株式は減配や無配転落の可能性はありますが、いい株をつかむことができれば、特に何もしなくても、勝手に好材料を発表して配当金も増えていきます。

もちろん株式には失敗もあり、保有途中で減配を発表した株もありますが、トータルでは増配の会社が多く、受取配当金は伸び続けています。

06 増配と自社株買い、どちらが得か？

「増配」と「自社株買い」を混同しない

上場企業が株主に利益を還元する方法に「増配」と「自社株買い」があります。増配は、株を保有していることで受け取れる配当金の額が増えることです。1000株保有している企業が「来年から5円増配します」と発表したら、年間5000円、受取配当金が増える計算になります。

続いて自社株買いとは、企業にある株数を自社株買いにより減らすことで、1株の価値を上げる方法です。現在1000万株ある会社が、100万株の自社株買いを発表したら10%1株利益額が上昇することを意味しています。

増配と自社株買いはどちらもプラス材料ですが、どちらがお得なのでしょうか？

まず、短期的な株価変動幅では、自社株買いのほうがプラス効果があります。2％の自社株買いでも翌日の株価は2％以上上昇するケースがほとんどです。

需給関係のギャップによる影響もありますが、株数が減ることによって、1株利益も向上するためです。したがって、割安度が高まり、自社株購入比率よりも高い株価に上昇するのです。ただし、自社株買いの場合、決まったタイミングはなく、単発的なケースがほとんどで、次の自社株買いを事前予想するのは難しいといえます。

一方、増配は、自社株買いと比べて短期的な株価変動インパクトは小さいものの、増配を発表した企業は収益力の向上や持続性に自信があるとのシグナルを発信する効果があります。

増配を発表した会社は、発表翌年以降も増配した配当金を据え置いたり、増配幅をさらに引き上げたりする場合も多く、長期的に利益をもたらしてくれます。1回のインパクトは小さくても、長期保有することで毎年恩恵を受け取れる事例も多いので、長期保有の投資家にとっては増配がお得といえるでしょう。

もちろん増配と自社株買いは、どちらも個人投資家にとってうれしいニュースですし、株主還元策に積極的な企業という期待感から買われる株でもあります。

ただ、注意点を1つだけ。それは、課税タイミングです。

自社株買いの場合は、減らした株数に応じて税金が増えることはありません。売却した時の利益に対して課税されるだけですが、増配の場合、配当金が届くたびに税金がかかります。

グリーンクロス(7533)

配当利回りの高さにプラスして増配に注目して成功した事例の1つにグリーンクロス(7533)があります。

同社は工事安全機材の販売やレンタルが主力の会社です。建設関連に分類されるため、保有する前に2004年までさかのぼって業績推移を確認しましたが、不景気時でも赤字はなく、業績は順調でした。

本社は福岡にあり、地盤は九州なのですが、近年関東にも進出と、業績が拡大していたため注目しました。利益剰余金や有利子負債についても健全でPERも約11倍台と割安です。

初めて購入したのは2014年4月25日、株価905円で最低単元の100株のみ購入しました。このタイミングは同社の配当権利落ち直後でしたが、それに伴って株価も安くなっていました。そして、3か月に一度発表される決算短信と「四季報」を定期的にチェックしていきましたが、業績は順調でした。

6月に発表された決算短信では、売上高が前年比22・5%増の97億6800万円、純利益は46・0%増の5億3300万円と絶好調。配当金も前年度の22円から36円へと大幅増配となりました。続いて同日発表された2015年度の純利益予想は前年比1・9%減と若干減益予想でしたが、2Q以降は増益に転じました。

その約1年後の2015年5月、株価1090円で100株、買い増し、約1か月後の6月10日、2016年度の業績発表があり、結果は売上高が前年比6・5%増の104億100万円、純利益は20・0%増の6億4000万円でした。

また、配当金についても42円となり増配が発表されました。

買い増しを実行したのは、6月22日、株価1220円で300株でした。先日の業績発表がよかったことと、増配により配当利回りについても3・5%台とまだまだ高かったことが理由です。

同社の買い付けはこれ以降、まだありませんが、2016年度の業績も、売上高が前年

株式会社グリーンクロスの業績推移

決算年月	売上高	純利益	1株利益	1株配当金
2013年4月	7,971	365	84.8	22
2014年4月	9,768	533	123.8	36
2015年4月	10,401	640	148.3	42
2016年4月	11,410	678	156.6	45
2017年4月(予想)	12,049	723	166.7	46

売上高、純利益の単位は百万円。1 株利益、1 株配当金の単位は円

（参照）株式会社グリーンクロスHP

3年チャート

（出典）カブドットコム証券

比9・7％増の114億1000万円、純利益は5・9％増の6億7800万円、配当金も45円と、増収増益増配を継続しています。

☑ハウスコム(3275)

同社は、「1株利益×配当性向」の成功例です。

ハウスコムは、大東建託（1878）の賃貸仲介子会社で、賃貸仲介を東京や中京圏で展開しています。不動産は買ってはいけない業種になるのですが、同社の場合、賃貸の仲介がメインであることや、財務についても良好のため（有利子負債はゼロ）注目しました。

初めて購入したのは2014年9月26日、株価1015円で100株購入しました。以前から同社の存在は「四季報」で知っていましたが、PERは11・7倍台と割安で配当利回りについても3％を超えています。

業績も、今後の伸びが十分考えられるため、購入しました。実際、親会社の大東建託は、私の住んでいる街でも、常に新しい賃貸が何棟も建っている状態だったため、これは伸びるだろうなと感じました。

保有から約1か月後の10月15日、早くも上方修正を発表しました。2015年以降も業

ハウスコムの業績推移

決算年月	売上高	純利益	1株利益	1株配当金
2013年3月	7,815	255	65.5	24
2014年3月	8,244	402	103.3	31
2015年3月	8,663	476	122.6	37
2016年3月	9,306	630	162.7	49
2017年3月（予想）	9,966	665	171.8	52

売上高、純利益の単位は百万円。1 株利益、1 株配当金の単位は円

（参照）ハウスコム株式会社HP

3年チャート

（出典）カブドットコム証券

績が好調で、毎年増配を発表しています。

株価が下げたら買い増しをしようと狙っていたのですが、順調に値上がりをして買うチャンスを逃していました。２０１６年はさらに加速して、１Q発表時の純利益が前年比57・７％増となりました。ここで株価１７００円以下なら買いと判断しましたが、最初の買いから約70％も株価が上がっていました。

結局、２回目の買いを入れたのが２０１６年７月29日、株価１６７１円で４００株、３回目が９月２日、株価１５５０円で５００株買い増しをしました。

１Qが絶好調だったため、２Q以降、業績の上方修正や増配など、株価にプラスの材料が発表される可能性があると判断しての買い増しです。

この読みは的中し、10月27日、ハウスコムは２Qの純利益を従来の８９００万円から１億９４００万円へとする上方修正を発表しました。

本書の執筆時点で株価は２０００円前後まで上昇しています。買い増しのタイミングが遅かったようにも感じますが、それでも十分利益を出しています。

さらに、同社の場合、配当性向30％を目標に掲げています。業績が拡大する過程と比例するように、配当金についても増えていくことが事前に予想できました。株価上昇による売却益だけではなく、受取配当金の増加も事前に予想できたことが、成功の要因です。

配当性向は「四季報」で記載している場合としていない場合があります。自分で追いかける必要が出てくる場合もありますが、知っておけば、今後受け取る配当金の予測も立てやすくなります。

同社の場合、２０１５年度の配当金は37円でしたが、２０１７年度は52円の予想となっています。この成長が持続した場合、２０２０年には配当金が70円を超えてくるシナリオも考えられます。

あくまで予想ではありますが、ぜひ、あなたも保有したい株の配当性向をチェックするように心がけてください。

藤商事（6257）

記念配当とは、上場企業が通常行う配当金とは別に、会社の創業○○周年などを記念して臨時に行う配当金のことです（その他、特別な利益が出た時に行う臨時配当というものもある）。

記念配当が実施されると、通常の配当金にプラスして記念配当が加算されるので、実質増配となります。

記念配当は一時的な増配なので、翌期以降は通常に戻るイメージがあるのですが、**記念配当を実施した翌年以降も配当金を据え置く企業が全体の約半数もあります。**

189ページの藤商事は、記念配当を狙って成功した事例です。

同社はパチンコ、パチスロ機中堅メーカーで、私も2009年から1年ほど株を保有した経験があります。その後売却したのですが、「四季報」でのチェックは続けていました。というのも、パチンコ産業の市場規模は低下傾向を続けているのに、同社は安定的に利益を積み上げながら、1株50円の配当金を続けていたため、チャンスがあれば再び保有したいと考えていたからです。

そして2016年、日経平均株価が急落したタイミングでチャンス到来。2013年以降1200円前後だった株価が1000円前後になったため、6月14日、株価1044円で200株を購入しました。

このタイミングだと配当利回りが4・8%となり、配当利回りが5%近くなることも買いを後押ししましたが、決め手は「四季報」の記念配当を示唆するコメントでした。

次ページの図の囲った部分に「設立40周年記念配当も」と書かれており、2017年度

藤商事(6257) ：会社四季報

【機械】 ↑↑大幅増額

6257 (株)藤《ふじ》商《しょう》事《じ》

【決算】3月 【設立】1966.10 【上場】2007.2

【特色】パチンコ、パチスロ機中堅メーカー。大阪発祥。「宇宙戦艦ヤマト」がヒット。サン電子と提携
【単独事業】パチンコ遊技機83、パチスロ遊技機17 〈16・3〉

【急好転】主力のパチンコ機は販売13万台(前期9万台超)へ挽回。パチスロ機も2万台(同1・8万台)見込む。部材リユース、リサイクル活用で製造原価も削減。開発費・宣伝費・販売手数料の増加等こなし営業利益は急反発。設立40周年記念配も。

【活用】パチンコはホラーものに加え「地獄少女」定番化狙う。ソーシャルゲームコンテンツも活用。パチスロも同様展開に。

年月【資本異動】		万株
07. 3	三者0.31万株 (OA)	25
13.10	分1→100	2,549
14.11	消却	2,439

JQ(S)	高値	安値
07~14	192000(07)	1072(14)
15	1576(3)	1054(12)
16.1~5	1131(1)	912(2)

	高値	安値	出来万株
16. 3	1095	991	29
4	1049	990	24
#5	1078	985	19

【会社業績修正】上方1 下方2
経常益÷期初会社予想 1.0倍
【格付】ー

【業種】娯楽用品
時価総額順位 25／49社
【比較会社】6412 平和, 6417 SANKY, 6460 セガサミH

【株式】⅝₀ 24,395千株
単位 100株 貸借
時価総額 256億円
【財務】〈単16.3〉 百万円
総資産 59,781
自己資本 50,692
自己資本比率 84.8%
資本金 3,281
利益剰余金 43,573
有利子負債 0
【指標等】〈単16.3〉
ROE 2.4% 予6.5%
ROA 2.1% 予5.5%
調整1株益 ー円
最高純益(06.3) 5,572
設備投資 2,937 予 ‥
減価償却 2,496 予 ‥
研究開発 9,401 予 ‥
【キャッシュフロー】百万円
営業CF ▲2,559(11,155)
投資CF ▲4,070(▲2,722)
財務CF ▲1,220(▲1,219)
現金同等物 25,788(33,638)

【株主】単7,113名〈16.3〉 万株
松元邦夫 665(27.2)
松元正夫 656(26.9)
㈱松元ホールディングス 290(11.8)
松元香揚子 70(2.8)
BONY・GCMクライアントJ PRDISGFEAC 53(2.1)
吉田嘉明 50(2.0)
サン電子 29(1.1)
自社従業員持株会 26(1.0)
松元恵子 26(1.0)
JPモルガン・クリアリング・コープ・クリアリング 9(0.3)
〈外国〉6.0% 〈浮動株〉12.0%
〈投信〉0.1% 〈特定株〉77.2%
【役員】(会)松元邦夫 (副会)松元正夫 (社)井上孝司 (取)米田勝己 當仲信秀 今山武成 坪本浩一郎* 川添嗣夫* (常監)水嶋延和* (監)上垣内崇夫 堀弘二* 川島育也*
(6. 28予)

【業績】(百万円)	売上高	営業利益	経常利益	純利益	1株益(円)	1株配(円)
単12. 3*	43,027	7,295	7,328	4,087	164.2	45
単13. 3*	46,991	6,267	6,317	3,123	125.5	50
単14. 3*	41,830	4,229	4,256	2,735	110.2	50
単15. 3	56,151	7,936	7,949	4,812	197.3	50
単16. 3	38,166	2,035	2,052	1,237	50.7	50
単17. 3予	50,000	5,000	5,000	3,300	135.3	50~60記
単18. 3予	55,000	5,500	5,500	3,500	143.5	50
中15. 9	18,581	457	530	307	12.6	25
中16. 9予	22,100	1,100	1,200	800	32.8	25
会17. 3予	50,000	5,000	5,000	3,300	(16.5.13発表)	

【配当】	配当金(円)
14. 3	25
14. 9	25
15. 3	25
15. 9	25
16. 3	25
16. 9予	25
17. 3予	25~35

予想配当利回り 4.76%
1株純資産(円)〈単16. 3〉 2,078 (2,095)

【本社】540-0026大阪市中央区内本町1-1-4 ☎06-6949-0323
【支店】東京, 大阪, 仙台, 埼玉, 他【営業所】札幌, 青森, 千葉, 八王子, 横浜, 静岡, 他
【工場】名古屋【開発事業所】東京, 名古屋
【従業員】〈16.3〉458名(37.7歳)年645万円
【証券】上JQ(S) 幹(主)大和(副)野村, みずほ, 三菱Uモル, SBI 名三井住友信 監新日本
【銀行】みずほ, 北國, 大阪シ信金
【仕入先】サン電子, ビーエス
【販売先】全国パチンコホール

1036

Nフレア／藤商事 2016年3集

(出典)『会社四季報 2016 年第3集』東洋経済新報社刊

1年チャート

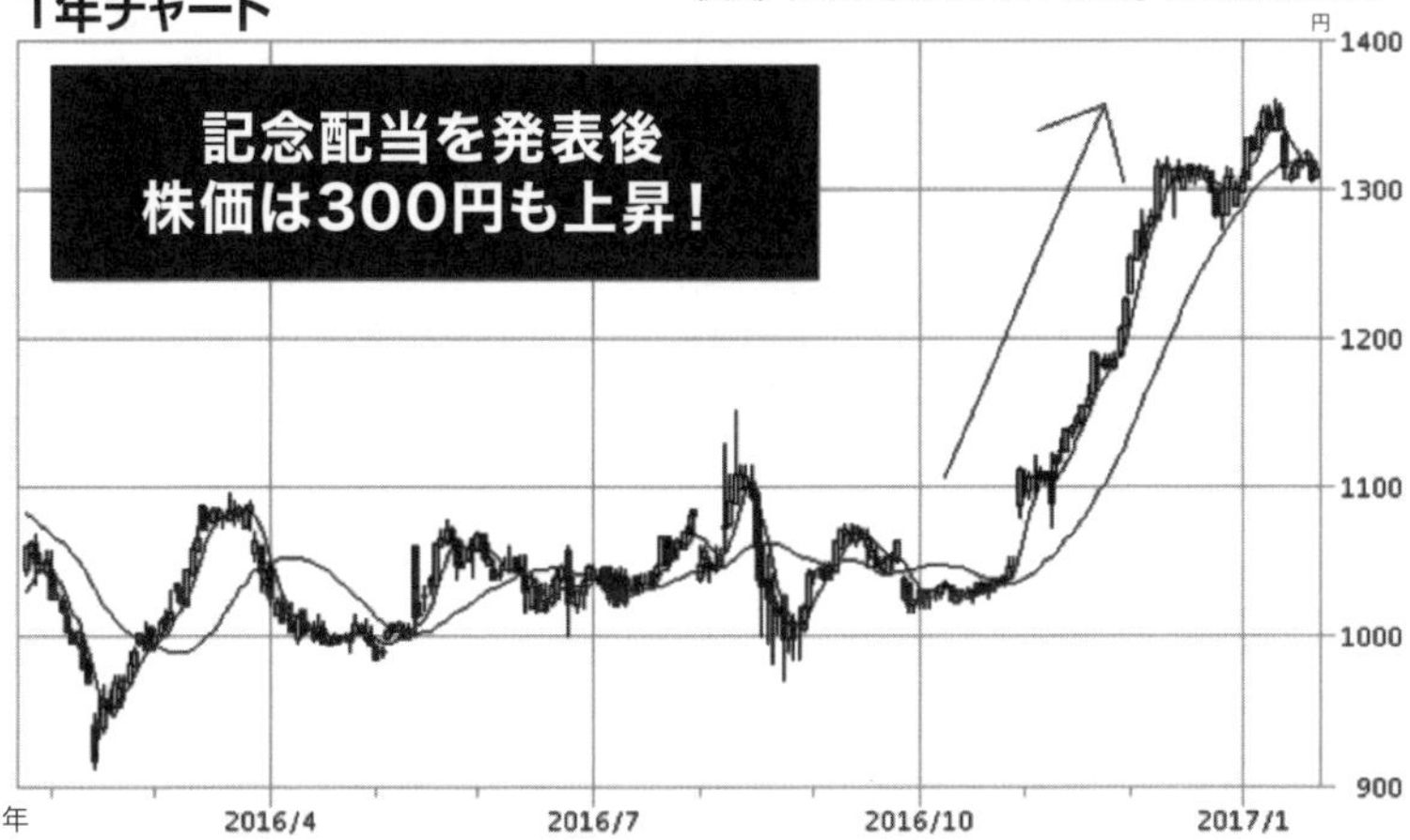

(出典) カブドットコム証券

の配当予想も以前の50円から50～60円と、増配を示唆する表記になっていました。もしかしたら、増配もありそうだと判断したため、続いて6月24日、株価1001円で300株、買い増しをしました。

2016年度は伊勢志摩サミット開催による入替自粛等もあり1Qは大幅減益となりましたが、2Qはその反動で大きく伸び、おおむね会社予想どおり推移します。そして、10月28日、記念配当10円の実施を発表。配当金は60円に増配と、見事的中しました。

189ページの下の画像は藤商事の1年チャートですが、記念配当を発表した翌日以降、株価は1000円台から一気に駆け上がり、現在、1300円台になっています。同社は現在、利益剰余金が約430億円もある一方、有利子負債はゼロ。業績が順調であれば、2018年も60円の配当金が据え置かれるのではと予想しています。

「四季報」のコメント欄と業績予想を丁寧に見ていくことで、素晴らしいチャンスに出会えることもあるのです。

3つのIN③

07 高配当株を買うべきタイミング《Timing》I 株価急落時

分散投資＋買いタイミングも分散させる

投資の失敗でよくあるケースに集中投資があります。自分の資産の大半を1つの株式に投資し、株価が下落して、買い増しのチャンスなのに買うことができず損失だけがどんどん膨らんでいく、という失敗です。保有した株の株価が急落して、その後は長期塩漬けという話はよく聞きます。

自分の判断は正しいという思い込みはやめて、たとえどんなに素晴らしいと感じた会社でも、分散投資をしてください。

分散投資とは、自分の資金を1か所に集中させるのではなく、いくつかの投資先に分けて投資することです。

ウォーレン・バフェット氏をはじめとする著名投資家のように、ある銘柄への集中投資で財を成したケースもありますが、誰もがウォーレン・バフェット氏になれるわけではありません。

☑ 高配当株の買いタイミング

３つめのＩＮはタイミングです。高配当株であれば、いつ買ってもいいわけではありません。株価が高くなると当然ではありますが、配当利回りが下がりますし、配当権利が確定する直前は、株価が高くなっている傾向があります。そういったタイミングでの保有は、得られる配当金以上に株価が下落してキャピタルゲインがマイナスとなるリスクも出てきます。

私が高配当株を買う時に意識して実践し、成功したと実感している買いのタイミングは、次の３つです。

２０１５年8月にはチャイナショック、２０１６年2月はマイナス金利導入による市場の混乱、２０１６年6月は英国ＥＵ離脱ショックによる急落など、大きな流れで見ていくと、１年に1回か2回ほど、大きく急落する局面があります。

このタイミングは業績面よりも心理面での不安拡大から、有望な株まで関係なく売られます。これは、裏を返せば高配当株をさらに高い配当利回りで購入できる最大のチャンスです。

短期的な視点で売買するトレーダーや、常に結果を出し続けなければならないファンドマネージャーならともかく、長期投資を続けていく投資家の場合、**急落は不幸ではなく、1つの買いチャンスだと意識を転換していきましょう。**

☑ センチュリー21・ジャパン（8898）

株価急落時に高配当株を購入して成功した事例に、センチュリー21・ジャパンがあります。業績はフランチャイズ方式による加盟店の順調な増加や手数料収入により上昇基調が続いていました。

さらに、2015年度～2017年度の配当性向を40～65％と明言しており、増配街道まっしぐらで株価も安定。なかなか手が出せない状況が続いていましたが、2015年8月のチャイナショック時に株価が下落したため、チャンスが到来。ただし、翌日以降も株価の下落が予想できたため、まずは最少単元のみ、8月21日、株価1165円で100株購入しました。

この時点で配当利回りが3・4%と高いことや業績が右肩上がりのため、今後の増配も予想できました。

週明けの8月24日、日経平均株価が急落し同社も下落したため、1147円で400株、買い増しを実行。

翌8月25日、日経平均株価は24日に続き700円以上も下げたタイミングで、さらに500株、株価1042円で買い増ししました。

合計1000株、平均購入株価は1098円となりました。2016年には増配の発表があり、株価は1500円弱まで上昇。現時点でのリターンは約35%と、そこまで大きくはありませんが、定期的に配当金を受け取りながら、最終的にキャピタルゲインで利益も獲得できそうです。

☑ コネクシオ(9422)

次は、急落時の買いプラス買いタイミングも分散させたことで成功した事例です。

コネクシオはドコモ主体の携帯電話販売会社です。

チャイナショック時の日経平均株価

（単位：円）

日付	日経平均株価	前日比
2015年8月20日	20,033	
2015年8月21日	19,435	-598
2015年8月24日	18,540	-895
2015年8月25日	17,806	-734

株式会社センチュリー21・ジャパンの2年チャート

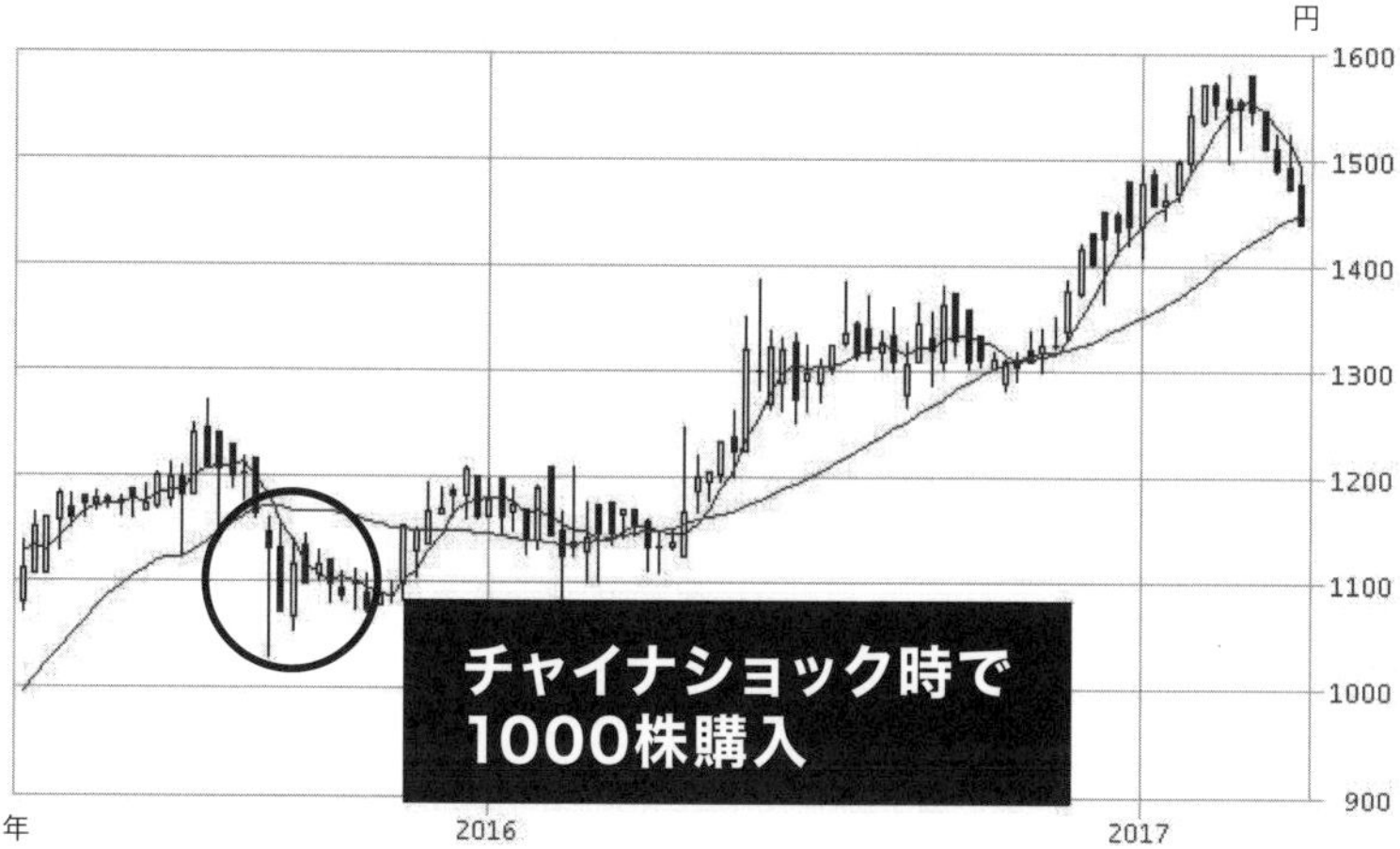

（出典）カブドットコム証券

2013年頃から注目しているのですが、業績が順調で、配当利回りも4％弱もあり、前から気になっていた会社の1つだったのですが、2015年6月29日、一時的に安くなったため、株価1328円で500株を一度に購入しました。その年度の1株利益予想は112円でしたが、毎年会社予想を上回る実績を出すため、120円くらいまで上がるかなと考えたのです。コネクシオのホームページに「配当性向40％を目処」という記載があったことからも、さらなる増配の可能性もありそうだと判断しました。

この読みはうまく当たり、7月30日に発表された1Q決算短信では、売上高は前年比2.0％増の615億3200万円ながら、純利益は37・6％増の10億8600万円に。「これは買い増しだ」と思ったのですが、株価は大きく上昇し、買いチャンスを逃してしまいました。

しかし、2015年のチャイナショックにより株価は1400円台から一気に下落。そのタイミングで、8月24日、株価1330円で500株を買い増ししました。

次は株価が1200円くらいまで下がったら買おうと思っていたところ、翌25日もすごい勢いで急落、株価1210円で500株、買い増ししました。

センチュリー21と併せて結構な額になりましたが、数日で日経平均株価が2000円以

コネクシオ株式会社の2年チャート

（出典）カブドットコム証券

上も下がることは、滅多にないチャンスが到来しているともいえるので続けたのです。

最後に購入したのは２０１５年12月11日。株価１１２４円で５００株、追加購入しました。この株価だとＰＥＲが10倍ちょうど。配当利回りもさらに上がり、非常に割安だったからです。

結局、５回にわたり買いタイミングを分散させ、合計２０００株、平均購入株価は１２４９円になりました。

２０１６年度は年初、一時的に株価が１０００円を割り込む時もありましたが、４月に業績の上方修正と増配を発表して以降は株価が１５００円前後まで上昇しています。

もし、最初のタイミングで一気に１０００株や２０００株買ってしまっていたら、購入株価が今よりも１００円近く高くなってしまい、利益があまり出なかったでしょう。

「途中で怖くなることはないのですか？」と聞かれることがありますが、ＰＥＲや配当利回りをきちんと確認し、判断材料に使うことで、効率よく分散投資することができます。

実際、この時も、業績が安定していることや、高い配当利回りが株価下落のブレーキの役目を果たすため、そこまでの恐怖心はありませんでした。

5銘柄への分散投資にプラスして、買いタイミングも5回に分散させるくらいの気持ちで投資をしたほうが、精神的にも楽です。

「相場の金と凧の糸は出しきるな」という相場格言があります。

絶好のチャンスをつかむために、運用資金の一部は現金で持っておきましょう。

3つのIN③

08 高配当株を買うべきタイミング《Timing》II 権利落ち後

権利確定日を意識する

配当金や株主優待を獲得するためには、権利確定日の3営業日前までに株式を保有していなければなりません。権利が確定する月は上場企業ごとに決算月が異なるため、個別に調べる必要があります。

そして、権利確定日の翌営業日は、配当金や株主優待を獲得した投資家からの売却が多いため、配当金以上に株価が減少する傾向があります。**このことを権利落ちと言います。**

権利落ちによる株価下落は、高配当株や個人投資家に人気がある株主優待を設定している企業ほど大きくなります。

配当権利が確定するのは、決算月と中間決算月、つまり年に2回実施する企業が大半です。

2017年度確定日一覧表

2017年　決算月	権利確定日	権利落ち日
2017年4月	4月25日(火)	4月26日(水)
2017年5月	5月26日(金)	5月29日(月)
2017年6月	6月27日(火)	6月28日(水)
2017年7月	7月26日(水)	7月27日(木)
2017年8月	8月28日(月)	8月29日(火)
2017年9月	9月26日(火)	9月27日(水)
2017年10月	10月26日(木)	10月27日(金)
2017年11月	11月27日(月)	11月28日(火)
2017年12月	12月26日(火)	12月27日(水)

なかには中間決算月の配当はせず、年に1回のみという会社や、3か月ごとに実施する会社もあります。年に2回よりも1回の企業のほうが、権利落ち後の下落幅は大きくなります。

配当権利獲得日が近づいてくると、高配当株や株主優待が魅力の株を狙おうと多くの投資家が集まってきます。権利落ち直前の数日は買いの需要が高い一方、売りを判断する投資家は少ないので、株価は上昇基調が強まってくるのです。

それが、権利を獲得したとたん、需要と供給が一気に逆転するのです。**権利落ちの株価下落幅は得られる配当金以上になりますのでご注意ください。**高い株価で無理やり配当権利を獲得しても、数日で後悔することがあります。

逆にオススメしたいのが、配当権利落ち直後に割安になった株をつかむ方法です。このタイミングだと、次の配当権利を獲得するのは早くても半年、長ければ1年先になるため、高配当株や優待株に誰も興味を示さなくなるのです。

また、先ほど書いたように配当権利獲得狙いの投資家が、早く換金売りをしたくてどんどん売却する一方、わざわざこのタイミングで買う投資家は極端に少ないので、安い株価で購入できます。

多くの個人投資家は、短期的な売買で利益を得ようとするあまり、投資対象の長期的な収益力を計算したり考えたりしません。その考え方を逆手にとって、有望株をつかむ知識と、1年以上保有するという意志があれば、投資はうまくいくでしょう。

本章で紹介したグリーンクロス（181ページ）や学究社（159ページ）が成功事例です。

グリーンクロスの決算月は4月ですが、初めて購入したのは権利落ち直後の4月25日でした。さらに同社は中間配当がないため、次の配当権利が確定するのは1年先になります。それでも、1年先の収益力や割安さを購入判断の材料としたことで結果が出ました。学究社の場合も、3月が決算月ですが、購入したのは5月です。こちらも中間配当金がないので、配当権利が確定した後は、株が売られ、割安になりました。

201ページの表は2017年度の権利獲得日と権利落ち日です。2018年度以降毎年変わりますが、参考までに。

目先の配当金ではなく、長期的な目線で投資判断をしていきましょう。そうすれば、少数派である勝ち組投資家の仲間入りを果たすことができます。

3つのIN③

09 高配当株を買うべきタイミング《Timing》Ⅲ 過小評価された時

☑ 株価が動かないのは業績が悪いわけではない

本業の業績が好調なのに知名度が低かったり、地味な業種だったり、将来性がなかったりなどの理由で見捨てられたように株価が動かない会社があります。

私はこういった会社を見逃しません。

大半の個人、機関投資家は株価が動き出した後で注目しますが、私の場合、保有をした後、皆に気づかれて株価が動き出すまで待つという戦略をとっています。

ほかにも大きな好材料が発表されず、マーケットに気づかれる前の段階で、株価や出来高に反応が出ていない株を探して拾うこともよくあります。資金効率が悪いとか、上がるまで待てないという意見もいただきますが、**じっくりと待つ戦略はリスクが少ないのです。**

そうした会社を見つけるには、視野を広げることがポイントです。自分の生活でお金を払う相手、サービスや商品を扱っている会社が、上場企業なのかを意識してください。家族や仕事仲間が使っているサービスもチェックすることで、だいぶ視野が広がるはずです。

上場企業は3600社ほどあり、知名度が低くてもマイナーであっても成長を続けている会社はたくさんあります。日経新聞を読んで、身の回りのどんな会社が上場しているか、業績がいい会社かをチェックしていきましょう。

リソー教育（4714）

過小評価されている株に注目して成功した投資先に、リソー教育があります。同社は2014年2月に粉飾決算が発覚し、株価が大きく下落しました。

粉飾決算とは、会社が不正な会計処理を行い、内容虚偽の財務諸表を作成し、収支を偽装して行われる虚偽決算報告をする行為です。**上場企業がこれを行った場合、上場廃止になるリスクもあるため手を出してはいけません。**

しかし、2015年10月30日に監理銘柄を解除されたことから、上場廃止のリスクが低くなっています（監理銘柄とは、上場廃止基準に該当するおそれがある会社の株を一定期間、普通の銘柄としてではなく、監理銘柄に指定して売買を行わせます。上場廃止になりそうな可能性が高い銘柄を投資家に認知させるのが主な狙い）。

同社は学習塾を経営しており、学究社のように収益が比較的安定していること。また、監理銘柄解除直後は、驚くほど割安だったことが買いの判断材料になりました。

11月4日、株価303円で同社の株を1000株購入しました（当時、売買単位が1000株だったため、100株では買えず。現在は100株に変更されている）。

粉飾を修正した後の2015年度実績は、1株利益が47・8円だったため、PERは6倍台と非常に割安でした。配当金は無配に転落していたものの、監理銘柄解除後の会社ホームページでは、社長のメッセージに、復配についてコメントも書かれていたため、この点についても期待していました（復配とは、配当金がゼロの状態から、再び出すという意味）。

その期待はすぐに実現します。11月24日、1株配当金を従来の0円から10円へとする復配を発表しました。粉飾決算が発覚する前も高配当株でしたが、問題が改善された後、再度高配当株へと変貌してくれそうな予感がしていました。

続いて買い増しをしたのは、2016年2月12日、株価275円でさらに1000株購

株式会社リソー教育2年チャート

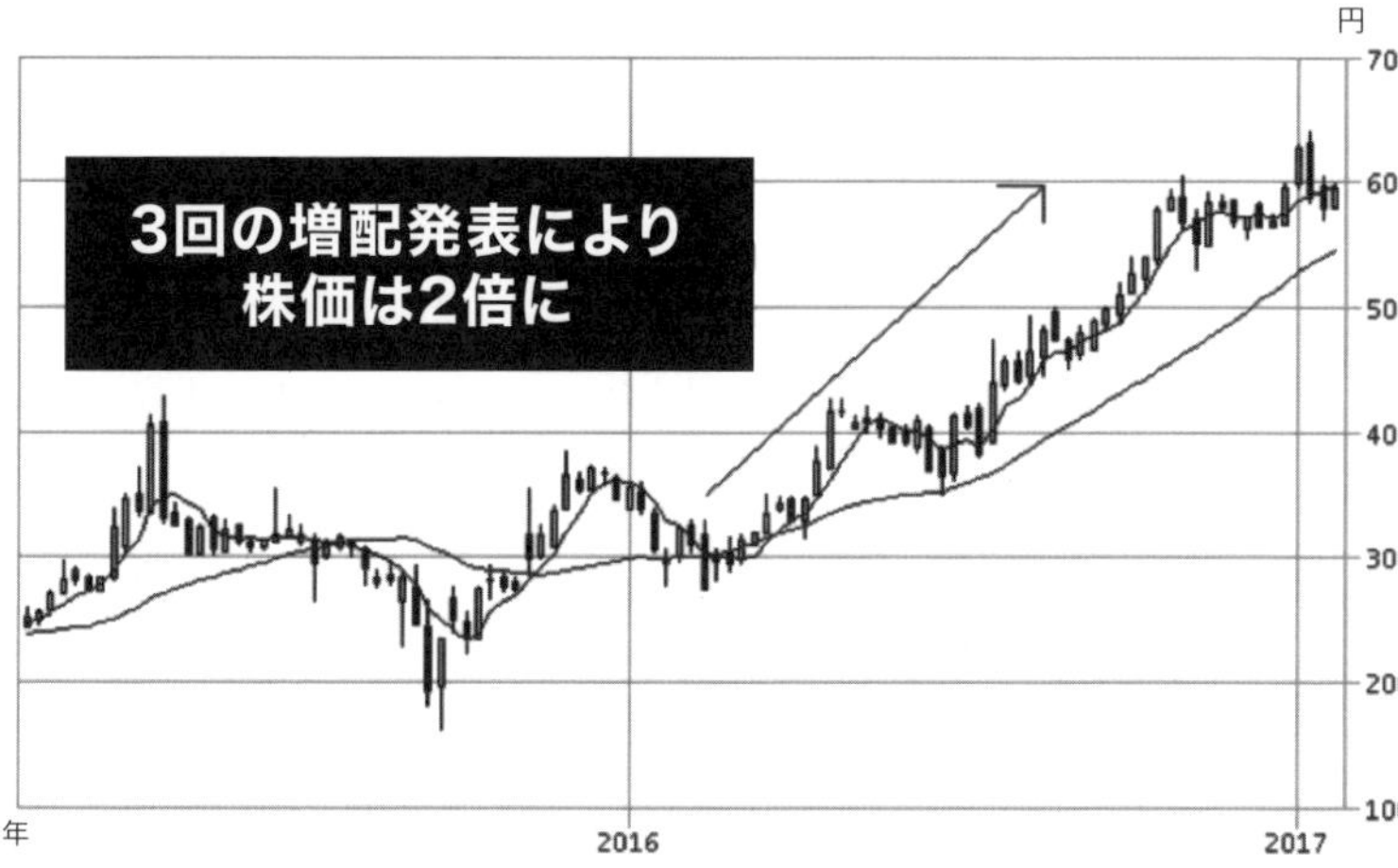

（出典）カブドットコム証券

入しました。配当利回りは３・６％と高いことや、今後、業績の回復とともに、増配などの好材料が出そうだと予想しました。１００万円くらいまで買い増しをしようと狙っていましたが、結局ここから株価が上昇に転じて、買うことはできませんでした。

２０１６年４月、同社の決算および次期業績予想が発表されました。純利益は前年比マイナスでしたが、配当金の予想は16円と増配に。続いて７月、中間期の配当金を８円から12円へとする増配を発表。年間配当は20円に。

さらに８月には、配当金を20円から24円とする増配を発表。および四半期配当実施の発表。そして２０１７年１月、配当金を24円から25円へとする、今期３度目の増配を発表したのです。

増配発表の連発により、株価は６００円台まで回復しています。

粉飾決算など大きな悪材料は上場廃止のリスクがあるため、本来であれば手を出す株式ではありません。

しかし、監理銘柄に指定され、過小評価されすぎた株価に注目したことで、利益を手にすることができたともいえます。

10 長期投資を続けるための5つのヒント

☑ 高配当株を持ち続けるための秘訣

高配当株を持ち続けるには、コツがあります。

私がこれまで投資してきた中で見つけた5つのポイントについて、ご紹介しましょう。何かしらのヒントにしていただければと思います。

1 株価をあまり見ない

株式投資を始めたばかりの頃は、株価を毎日見てしまいますが、それを続けていると株価が運用の主体になってしまいます。

株価が上がるとうれしいですが、下がるとガッカリしたりイライラしたりしてしまいます。下がり傾向が続くと決まって不安になり、売りたくなる衝動が強くなります。我慢できないくらい下がると、糸が切れたように売り急いだあげく、それから急反発というパターンになってしまいます。

ある程度、株価が戻ったところで、株を保有するということを繰り返せば、資金は減ります。

日々の株価は集団心理の変化により動く傾向が強いので、同じように動いてもいい結果は得られません。集団心理を理解して、同じように動かされないように気をつけましょう。

2　下落相場を楽しむ

マーケットやメディアは、株価が下落すると決まって暗雲が立ち込めたような論調になります。さらに悪材料ばかりを前面に取り上げて不安を煽りますが、長期投資家は、こういうタイミングを楽しみに待っています。

それは、簡単に言えば買い増しのチャンスだからです。優良株を割安もしくは激安で買えたり、配当利回りが上がるなど、**機関投資家やトレーダーが投げ売りをしてくれるおかげで、欲しかった株が安く買えるのです。**

株価が大きく下がる展開がありますが、それをチャンスと捉えられるか、ダメだと思って手放してしまうか。考え方、感情の持ち方1つで投資の成果は変わってきます。

3　焦らない

成長率の高い有望銘柄、将来性のある会社を見つけたら、多くの人が「これはすごい銘柄を見つけたぞ！　成長率も高いし今なら割安だ。早く買わないと乗り遅れる」と購入してしまうでしょう。

ですが、目論見が外れて株価が下がりだすと、とたんに売り逃げしたくなる衝動に駆られるのではないでしょうか。

「チクショー！　損した。買うんじゃなかった」というサイクルが数日のうちに起こってしまうのはよくあることです。

この失敗を次につなげることができればよいのですが、銘柄選びの基準がコロコロ変わっていては長続きできません。根拠のない取引だらけになり、儲かるのは証券会社だけになってしまいます。株を保有する時には、買う理由、売る理由を自分の中ではっきり決めてから行動することが大切です。

4　予想で買い、結果で売る

多くの個人投資家は、何か企業にとってプラスとなる材料が発見されたり、大々的に取り上げられたりしてから、その株式を購入します。しかし、これだと需要が高まったタイミングで買うことになるため、発表される前と比べて必然的に株価は高くなってしまいます。

また、売買が成立したタイミングは、株を買いたい人と売りたい人が一致した瞬間でもあります。その後も株を買いたいと思っている人が増え続ければ株価はさらに上がりますが、売買が成立した瞬間が需要のピークだという可能性もあります。結果で買い、さらに上がると予想するのではなく、好材料が発表されそうだと予想し、それが実現したタイミングで売却を判断したほうが、リターンはよくなるでしょう。

5　感情取引は間違った行動となることを知る

投資本のベストセラー、『敗者のゲーム』（チャールズ・エリス著　日本経済新聞出版社）の序文で「投資においては、できるだけ感情を排除すべき」という一文が登場します。

日々の値動きと人の気持ちを比較してみると、個人投資家は感情で売買している。もしくは売買する株そのものを感情で決めていると感じます。

「今、自分は感情に動かされているのではないか」と感じた場合は、いったん冷静になって、「本当にその株でいいのか？」と、もう一度考えてみてください。

ちなみに私の場合、投資判断はすべて「業績」を材料にしています。

業績（将来性も含めて）に比べて、明らかに割安だと判断した株は買い、割高もしくは人気化した株は手放しています。

同書には「感情は必ず間違った行動を導く」と続けて書かれています。ズバッと書くなあと思ったのですが、強気の文面から見ても、著者に深い自信があるのでしょう。

以上、長期投資を続けるための5つのヒントを紹介しました。

苦しい時こそこの5つのヒントを思い出してください。

結果を焦らずに取り組むこと。

これが結局は、成功への道になるのです。

11 日本独自の制度 株主優待でよりお得に

株主優待も楽しもう

配当金と同じく、個人投資家に大人気の特典が株主優待です。

株主優待とは上場企業が配当金とは別に、個別のプレゼントを株主に届けてくれる制度です。配当金と同じく権利確定日に株を保有しているだけでもらえるうえに、保有株数に応じて優待品がグレードアップしていく会社も少なくないようです。近年は個人投資家を意識している企業も多く、株主優待の実施企業は増え続けています。

株主優待を実施する企業の割合は、１９９２年度はわずか９・７％でしたが、年々増加し、２００２年度は20％を超え、２０１４年度には31・９％にまで達しました。

株主優待の内容は自社製品や割引券から、お米券、商品券などがあり、私も多くの企業から株主優待を受け取っています。

今後、ますます株主優待を新設、もしくは拡充する企業が増えそうです。

株主優待改悪、廃止企業を避ける方法

しかし、株主優待の改悪や優待制度の廃止を発表したりする会社もあります。数は少ないものの現実に起こっていることなので、ここでは株主優待改悪、廃止企業を避ける方法を紹介します。

それは、優待利回りが高すぎる会社に注意することです。

優待利回りとは、株価に対する株主優待の利回りをあらわす指標で、配当利回りと同じようなイメージです。自社商品券はギフトカードなどに比べて金銭的な負担が低いので優待利回りが高くなる傾向にありますが、利回りが高すぎる会社は、分子の優待よりも分母の株価が低いため（株価が安くなった背景には業績の悪化や赤字などが考えられる）、利回りが高騰しているケースが考えられます。

すると会社はコスト削減のため、優待の改悪や廃止などを検討するのです。インターネットで「優待利回り」と検索すると、ランキングが出てきますが、これを鵜呑みにしてしま

うと、早い段階で後悔することになりそうです。

なかには、株主優待を金券ショップやオークションで売却して利益を得ようとする投資家もいると思いますが、長く続くかどうかも疑問ですから、やはり避けたほうが無難です。

最近、増配を発表するかわりに株主優待を改悪もしくは廃止する発表をチラホラ見かけます。個人株主獲得のため株主優待を始めたが、かけたコスト以上の効果が得られなかったり、短期売買が増えただけという企業もありそうです。

優待利回りランキングの上位になると、10％を超える企業もありますが、私の保有株では1～2％台がほとんどで、いちばんよい株でも3％程度でした。

株主優待を使って企業を応援する、利益に貢献しているんだ、という意識を持つことで、配当金生活は楽しくなっていきます。

12 個人投資家が狙いたい高配当かつ収益が安定している業種

☑ 高配当かつ収益が安定している5つの業種

現在、上場企業には33種類の業種があります。最後に、その中で高配当かつ収益が安定している業種を5つ紹介しておきましょう。

1 学習塾

上場企業を隅から隅まで見渡していくと、収益が安定しながら配当金が安定している業種をいくつか見つけることができます。その1つめが学習塾です。

子どもの将来がかかっている教育費は、見方を変えれば投資に見合った以上のリターンが得られるため、教育には誰もが熱心です。少子高齢化の背景もあって、最近は私が子どもの頃に比べるとはるかに未就学児の教育に力を入れている親が多いと感じます。

ノーベル経済学賞を受賞した米シカゴ大学のジェームズ・ヘックマン教授によると、就学前教育を受けた人は、受けない人と比べて学歴、収入がいずれも高く、雇用が安定しており、反社会的な行為をする確率も低くなったそうです。就学後の教育より効果が高いため、就学前教育が注目を集めるようになったそうです。

子ども英会話は幼稚園からコースがありますし、学習塾に通わせ始める年齢も低下しています。少子化ではありますが、上場している学習塾は少人数制が増えるなど工夫しており、毎年安定した収益と高い配当利回りを維持しています。

2 依存症ビジネス

パチンコ、競馬、酒、たばこ……。どれもあまりイメージがよくありませんし、なかにはこういった会社の株式を持つことに拒否反応を示す人もいるでしょう。だからこそ割安で放置されている業種でもあります。なかでもパチンコ産業は利益剰余金が多く、有利子負債が非常に少ないという特徴があります。

また、収益が安定しながらも配当利回りが高く、低いＰＥＲの会社も多いです。

依存症ビジネスは、携帯電話やSNS、ゲームなど、あなたの身近なところにも存在しています。依存症ビジネスは不景気時でも業績が急激に悪化しないため、隠れた優良株でもあります。

3　葬儀会社

人があまり注目しない日陰産業は、投資家目線で見ると注目に値します。高齢化社会に伴い死亡数も増加しています。また、葬儀会社は雑誌やメディアで取り上げられないため、企業価値よりも割安です。一方で葬儀会社は営業エリアの拡大やコスト削減、競争優位性に向けた取り組みを続け、売上と利益を拡大しています。

4　ストックビジネス、継続課金ビジネス

ストックは「蓄える、貯める」という意味で、顧客と契約を結んだり、会員を確保したりすることで継続的な利益を得るビジネススタイルのことをストックビジネスと呼びます。インフラ提供、賃貸契約、電話などの通信、リース、スポーツクラブ、介護、フランチャイズ等々、業界はいろいろです。

通常のビジネスモデルの場合、一度の取引で発生する収入は一度だけです。

しかし、ストックビジネスは契約・会員を一定数獲得できれば毎月、毎年といった定期的な収益が発生するため、安定することが大きなメリットです。

他の投資家もこのことをわかっているので、割安度が低い場合も多いのですが、**レンタルサーバー運営会社やインターネット回線接続サービス会社は割安ながらも高い配当利回りとなっています。**

レンタルサーバーとは、言い換えれば、インターネット上の土地にあたります。ホームページをつくる際に、データを保管する場所がサーバーです。いつでもホームページを閲覧できるようにするためには、専用のハードディスクやソフトを購入して、パソコンの電源を1年365日入れっ放しにしておかなければなりません。その手間を、レンタルサーバーを借りることで省くことができます。

実際、私もホームページをいくつか持っているのですが、この10年で3回引っ越しをしているのに、ずっと同じサーバーを使い続けています。実際の賃貸経営よりもサーバー運営のほうが継続しやすいビジネスモデルなのです。レンタルサーバーの料金は本当の不動産ほど高額ではありませんが、収益は安定しつつ配当利回りが高いです。

5　小売業（飲食店）

衣食住という言葉があります。着ることと食べることと住むこと。生活するうえで絶対に必要なものです。着るものや住むものは買うことを先送りできても、食べることだけは、先送りすることができません。

また、小売業はフランチャイズでも強みがあります。

たとえば、紳士服大手のコナカや青山商事が、本業のスーツ以外で売上や利益を伸ばすため、既存の飲食店のビジネスとフランチャイズ契約を締結し、展開しています。

小売業の強みは、フランチャイズ化できるため、他業態からの参入が容易なこと。手数料、食材などの資材提供でも定期的にお金が入ってくるシステムをつくりやすい点です。

以上の5つの業種以外にも、魅力的な業種もあります。

高配当株は株価の変動が比較的安定しており、売却益と配当金という、2つの利益が獲得できる非常に魅力的な投資先です。

3つのＩＮのノウハウを活用して、次はあなたが成功しましょう。

第5章

高配当株で1億円儲けるためにすべきこと

01 有望な高配当株が見つかる3つの条件

高配当株の中でもより有望な銘柄を選ぶには

本章では、より有望な高配当株を見つけるためのチェック項目、株式投資で成功するためのステップをお話ししていきます。

実際、私もこの条件で高配当株を買い続け、1億円の資産を築きました。

225ページの図は、実際に高配当株を見つけるために、あなたがやるべきことを一覧にしたものです。漏斗《じょうご》のようなイメージです。

まずは上からどんどん会社を放り込んで、3つの条件に合格できるかどうか、ふるいにかけていきましょう。

選ぶ会社が多ければ多いほど、下まで落ちる金の卵（つまり、お金を定期的に生み出し

金の卵を見つけるために

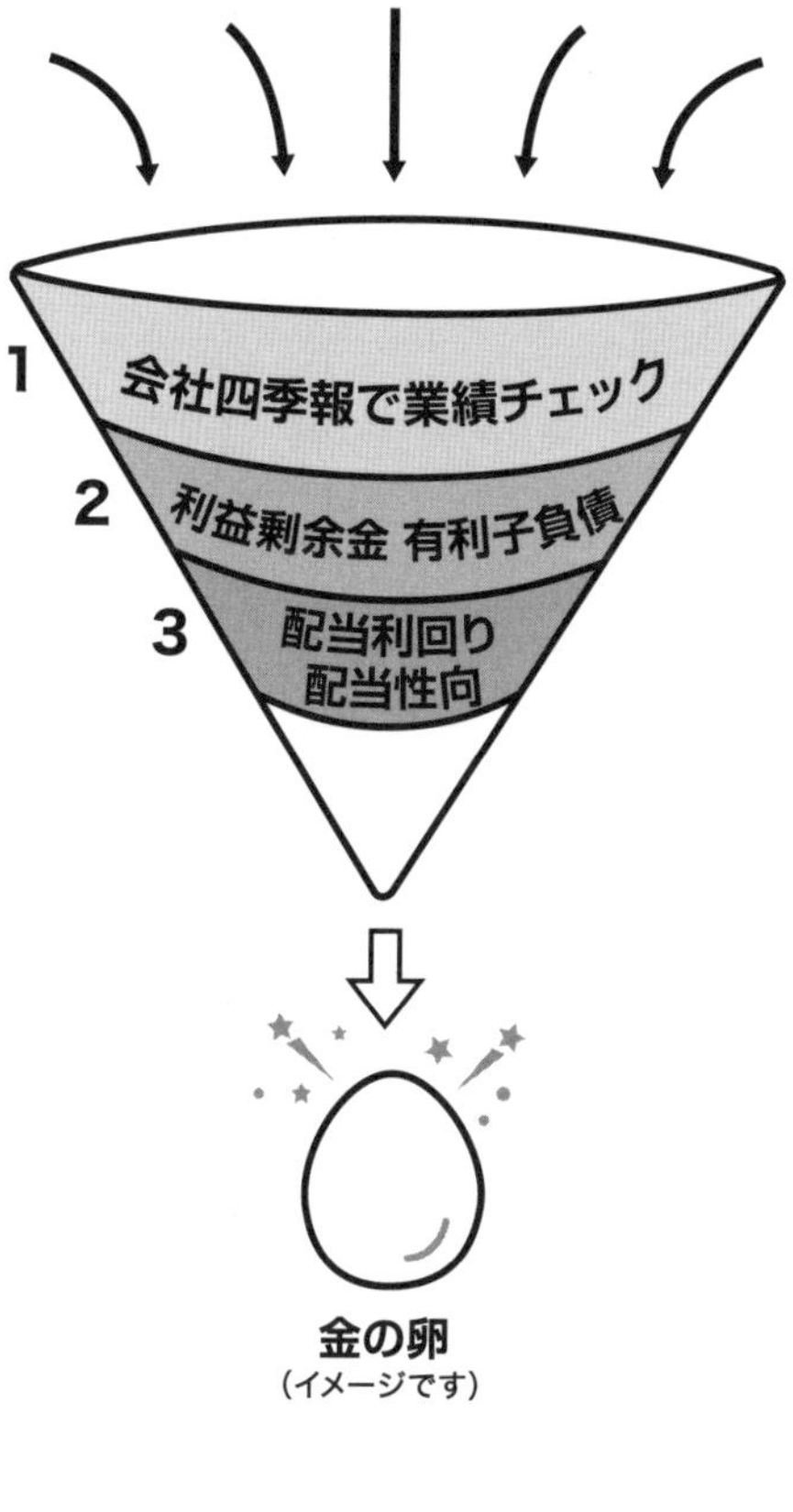

てくれる高配当株）が増えることになります。

ふるいにかける順番は次のとおりです。

最後まで残った会社が利益をもたらす有望な高配当株というわけです。

1 「四季報」で業績をチェック チェックする項目は、その銘柄の過去の売上高、純利益、1株利益、配当金の4つです。

「四季報」や証券口座の企業情報には、過去3期から5期の業績が一覧で掲載されています。過去の業績は、これまで会社が行ってきた事業の成果。つまり、その会社の力を見極めるのに欠かせない目安です。

まずは、売上高は減少傾向でないかを確認し、純利益に赤字がないかを調べてください。純利益が右肩上がりである必要はありませんが、極端にバラつきがある会社は避けるようにしてください。毎年、安定した利益を出している会社が望ましいです。

同時に、ＰＥＲもチェックしてください。ＰＥＲは企業価値が株価に対して割高なのか割安なのかを判断する優れた指標です。業種により平均ＰＥＲに違いはありますが、15倍以下が理想です。高配当株の場合、ＰＥＲが1桁台となることは非常に少ないですが、もしあれば、最高の買いタイミングです。

平均PERとは、上場されている全企業を、サービス業、建設業などと業種ごとに分けて計算したPERの平均値です。

2　利益剰余金、有利子負債

利益剰余金はできる限り多く、逆に有利子負債は少ないのが理想です。**有利子負債は直近の純利益5倍以下、最大でも10倍以下の会社を選んでください。**それ以上になってしまうと、配当金の支払いよりも負債の返済や利払いのほうが優先事項となります。

言い換えると、過去、利益を生み出せてこなかったからこそ、負債が増えているとも判断できます。有利子負債が多すぎる会社は避けましょう。

3　配当利回り、配当性向

売上と純利益、利益剰余金と有利子負債を確認したら、1株利益と配当金を確認します。そして、**配当金は増加傾向か、それとも減少傾向にあるかチェックしましょう。**対象となるのは、もちろん増加傾向にある会社です。

同時に配当金を1株利益で割り算して、配当性向も確認しましょう。配当性向が年度ごとに大幅に変わる会社はほとんどないため、過去の配当性向から、今後の配当金についても予測しやすくなります。

最後に配当利回りの確認を行います。配当利回りの定義は、明確に○%以上という条件はありませんが、3%以上が理想です。なお、**2%台でも過去の配当金が増配傾向だったり、業績の進捗状況から数年後には3%に近づくと判断できる状態であれば、買いです。**

また、配当金と株主優待を合計した総合利回りで保有対象を広げるのも1つの手です。配当利回りと株主優待の利回りを合計して3%を超えた場合、「買い」と判断していいでしょう。

配当利回りだけだと2%台でも、株主優待で1000円分の商品券がもらえるなら「買い」だということです。

これら3つの条件に合格した会社は、あなたに金の卵をもたらしてくれます。

実際私も、いろいろ試した結果、この方法にたどり着いたことで、1億円の資産を手に入れることができました。

会社四季報でチェックすべき項目

保有株式の業績は定期的にチェックしましょう。

特に以下の項目を四半期ごとにチェックしていれば、業績の悪化を見逃すことはありません。

常に有望なお宝株を持っておきましょう。

Check 1

過去の売上高、純利益、1株利益、配当金
＊過去の売上高、1株利益、配当金は増加傾向、純利益は赤字のない会社を選ぶ

Check 2

利益剰余金、有利子負債
＊利益剰余金はできる限り多く、逆に有利子負債はできる限り少ない会社を選ぶ

Check 3

配当利回り、株主優待利回り
＊配当利回りは3%以上が理想、配当利回り＋株主優待利回り＝3%以上を選ぶ

☑ 業績の定期的なチェックを忘れずに

投資は、子育てや結婚と同じくらい長いスパンで取り組みましょう。

大切なのは、確実に、着実に資産を築くこと。そして、安定した利回りを得ることです。子どもの成長を楽しむように、お宝有望株を保有した後も、株の状態を定期的にチェックすることが必要です。

「四季報」は企業の成績表（通信簿）。

忘れずにチェックしましょう。

また、決算短信はいわゆる中間テストや期末テストです。

高得点なら褒めてあげればよいですし、得点が低かった場合は、何が原因なのか、次のテストで挽回できるのかなどを調べる努力が今後の運用成績を左右します。

また、過去に購入した「四季報」も後で役に立ちます。どういう推移で変動しているか、株価が下がっているタイミングでの運用方針の再確認ができるからです。私もちょくちょく過去の「四季報」を引っ張り出してはチェックして銘柄選びに役立てています。捨てずに取っておきましょう。

02 成功できる人、成功できない人の決定的な2つの違い

☑ 自分優先主義を貫き通す人は成功できない

個人投資家の資産運用、投資のアドバイスを行うようになって10年。

これまでたくさんの人を観察し、指導してきました。

そのなかで、どんなに真剣に取り組んでも、なかなか成功しない人たちが一定数いることに気づきました。

「株で勝てるようになりたい」「多くの含み損を抱えて困っている」など、投資について真剣に取り組み、悩む人をたくさん見てきました。

経験から、成功できる人とできない人の決定的な違いを2つ見つけました。

1　成功する人は自分の行動を成功者に決めてもらい、成功できない人は自分の行動を自

分で決める

2　成功する人は変えることを厭《いと》いませんが、成功できない人は変化をよしとしない

たとえば、成功者が「これはいい。オススメ」とアドバイスしたら、成功できる人は素直に信じ、「成功者が言っているから」とすぐにすべて取り入れます。

一方、成功できない人は、「それはその人のやり方であり、自分は違う」と、成功者のアドバイスよりも自分の意見を優先したり、「いいのかもしれないけど、自分はこれでうまくいったのだから、変える必要などない」など、基本的に自分のやり方ありきで、よほどのことがない限り自分を変えようとせず、いつもと同じ行動をし続けたりします（なのに、昨日とは違う結果を望むので不思議なのですが）。

すべて「自分」が優先なのです。

しかし、「自分」の思考が正しければすでに成功し、大金持ちになっているはずです。

つまり、**現状で成功していないということは、どこかしら「損をするやり方」になっているということ。**

変えない限り、変わることはありません。

☑ 変わる勇気が成功の秘訣

今でこそ、本を書いたり、雑誌でアドバイスしたりしていますが、私も、かつては超自己都合主義でした。

いつまで経っても負け続けてばかり。まさにドツボにはまりそうになっていました。

そんな時ハタと気がつき、成功者のノウハウを試すことにしたのです。

まずは、本を読むことから始めました。今や私のバイブルともいうべき『ピーター・リンチの株で勝つ』（ダイヤモンド社）もその1冊です。この本には売上高や利益の伸びている会社、配当金を増やし続けている会社に投資することの素晴らしさや成功事例が数多く書かれていました。

そこで私は勇気を出して、この本に書かれている内容をそのまま実践したところ、成果を上げることができたのです。

その時から、私の運用成績と人生は変わりました。

さらに、様々なよいと言われる方法を試した結果、今の方法にたどり着きました。もちろん、今もほかの成功者のノウハウは絶えずチェックしています。

もしあなたが、今の投資スタイルでは成果が出ず、本書を手にしたのであれば、今すぐ、自分の手法を捨てましょう。

今の状況が、今のあなたのやり方から導かれた結果です。

そして、投資はセンスだけで成功できるようなものではありません。

私が何年もかけて実証ずみです。

成功したいのなら、アドバイスを素直に受け入れ、そして自分が変わる勇気を持つことです。

成功できる人は、成功者の思考や行動をできるだけ近くで学びながら、自分の実力も上げ、成功者に近づこうとします。

「自分優先主義」を捨てることで、あなたの1年後の結果も驚くほど変わっているはずです。

03 株で確実に成功するための2ステップ

投資には手順がある

株で成功するには、むやみやたらと思いつきで行動するのはオススメしません。テレビや投資雑誌、新聞の一面記事から市況やイチオシ銘柄ばかりに注目して投資をしている人も少なくないようですが、投資はギャンブルではありません。

また、金融商品は生き物。その場限りの情報では難しいと言わざるを得ません。すでに気づいている方も多いでしょうが、株式投資は「独学」で学ばなければいけないことばかりです。本を読んだり、セミナーに参加したりすることである程度学ぶことができますが、確信を得るまでには時間がかかります。

成功する株投資をするには、次の2つのステップに沿って動くことが大切です。

ステップ① 準備

まずは投資を始めるための環境の準備です。

投資は専門用語を学んだり、証券会社で口座を開いたりと、事前準備が必要です。

私も最初、野村證券に口座開設をしに行ったのですが、銀行とは違う雰囲気に慣れず、何か売りつけられるような気がしてドキドキしました。店舗に入るまで、かなり躊躇《ちゅうちょ》したのを覚えています。

そして、忘れてはいけないのが、**心の準備です。**

口座を開き、いざ投資を始めたとたん、私は「お金を失ってしまうのではないか」という、今まで体感したことのない恐怖に襲われました。

資産運用先が星の数ほどあるうえに、運用先ごとに投資法や運用法がいくつも存在しているため、どれが自分に最適な方法かがわからず、参考にしようと市場の動向や市況についてのコメントをチェックしても、人により、日によりバラバラ。さらには、前日までは買いムードだったのに、一気にムードが悪化したりと、目まぐるしく変わる状況に、いったい何をどうすればいいのかわからなくなってしまったのです。

2006年のライブドアショックの時には、保有していた株式の価格が大きく下落したため、怖くなってすぐに投げ売りしたところ、かなりの安値となってしまい、2日で100万円以上損をしてしまったこともあります。

こうした苦い経験や後悔から、企業分析による売買判断の重要性を痛感し、今のような「四季報」をフル活用して、企業情報を集めることにしています。

リスクをリスクと捉えるか、チャンスと捉えるかで、感情に振り回されずにすむようになります。

それには、「投資先と投資スタイル」を最初に決めてしまうことです。

ちなみに私が日本株一本で投資をしている理由ですが、これは投資対象の業種や業績、将来予測などが比較的わかりやすいからです。

日本株以外の海外株だと業績予想や業界のイメージがつかみにくいですし、FXやオプションなどは予測が当たる確率が低くなります。投資信託は、リターンが悪いため対象にするのはやめました。

日本は1990年以降、景気が低迷している期間や暗い話題も多いですが、成長株は存在していますし、割安度の高い株もたくさんあります。また優良銘柄をきちんと選べばリターンも出せるため、日本株への投資を続けています。

ステップ② 学習

次のステップは、学習して知識を得ることです。

投資の詐欺事件は頻繁に起こりますし、金融機関の営業マンの言われるまま金融商品を買っていたら、増えるどころか大損したというケースはいくらでもあります。

投資で成功するためには、知識を蓄え、武装することが重要です。知識を得るには、次の3つの段階で行うといいでしょう。

1 知るための学習

株の用語や証券口座の開き方など、株取引をスタートするために、投資雑誌やインターネットなどで基礎知識を学びます。

2 投資ノウハウや運用法、売買タイミング、株を学びながらスタートする。実践学習

成功した投資家の投資本を読むなどしてノウハウや運用法を学びます。投資家により投資スタイルは千差万別なので、自分に合った投資スタイルを見つけます。

3 なるための学習

投資で成功するために必要なことを学習します。

最終段階ではありますが、一方で投資をしている限り、学習期間は続きます。

私自身、1億円の資産を築くことはできましたが、投資スタイルや運用法を学びつつ「四季報」や決算短信を定期的に読み続け、新しいノウハウを取り入れたり、運用先についても試行錯誤したりしながら、今なお、よりよい方法を開拓し続けています。

結果よりもプロセスを重視しよう

投資は結果を焦りすぎると、悪い結果につながることが多いように感じます。

短期間で高いリターンを求めたり、運用資産に見合わない高い目標額（例　年率100%とか、1年で資産を10倍にする）を望む結果、間違った投資先を選んだり、レバレッジを使ったハイリスクすぎる、投機ともいえるような銘柄に手を出してしまい、後から慌てている姿を見かけることも少なくありません。

投資において大切なのは、プロセスに注目することです。

どんな経験も、すべて結果を導くためのプロセスになります。

経験を成功のためのプロセスにできるかどうかは、過去の売買や投資の結果を振り返る癖をつけましょう。

オススメは売買ノートを作ることです。

私は過去の売買や保有中の株式の業績をノートに記載します。

初めて購入する株式の場合、購入した理由や購入株数、株価、会社の事業内容などを簡単に書きます。購入した後は「四季報」の業績予想や決算短信資料の内容を書き写して、業績のフォローをしていきます。ノートに書くことで頭が整理でき、サプライズとなりそうな材料を探せるからです。

また、売買や業績推移をノートに書くことで、株価と業績のギャップや変化をつかみやすくなり、成功パターン失敗パターンも見えてきます。手間はかかりますが、それ以上の恩恵が必ずあるので、ぜひ試してみてください。

投資で成功するためには、実践のほうが知識よりも価値があります。実践の中で、様々な気づき、学び、結果が出るスタイルにたどり着くのです。

高配当株など比較的値動きの小さい株でも、実際に保有した経験があれば、株価が下がる理由もわかってきます。

様々な情報を組み合わせ、いかに判断するかで成果が変わってきます。「根拠のない株の売買」ではなく「本当の意味での資産運用」で結果を出し続けましょう。

おわりに

２０１６年4月からジュニアＮＩＳＡの運用がスタートし、私の娘は1歳で株主になりました（もちろん、運用は親が代理で行いますが）。

今はまだ、株主や配当金の意味をわかるはずもありませんが、やがて大きくなり、株や投資に興味を持ってくれたらうれしいなと考えています。

いつか、大人たちに囲まれながら株主総会に参加して、代表取締役や役員に向かって、堂々と意見や質問をぶつけるようになるかもしれません。大の大人たちに囲まれ、質問をぶつける彼女に、企業の代表者たちは、びっくりしながら、丁寧な言葉で回答してくれることでしょう。

なぜなら株主は、会社の実質的な所有者であり、取締役など役員を選任する権利を持っているからです。

『ＬＩＦＥ ＳＨＩＦＴ（ライフ・シフト）』（東洋経済新報社）という本をご存知でしょうか。

２０１６年のベストセラーで、誰もが１００年生きうる時代をどう生き抜くかについて述べられた本です。

本には、平均寿命は今後も延び続け、２００７年に日本で生まれた子どもの半分は１０７年以上生きると書かれていました。

実際調べてみると、厚生労働省が２０１７年3月に発表した日本の平均寿命は、男性が80・７５歳、女性が86・９９歳。

娘がもし、平均寿命まで株式投資で成功を保有し続けるとしたら、１００年以上、配当金を受け続けることになります。

いったいどれくらい（元本の何倍くらい）得られると思いますか？

現在、彼女は配当利回りのいい株式で3％ありますが、１００年というスパンで計算すると、配当金だけで投資額の３００％、約3倍もらえる計算が成り立ちます。

もちろん、投資先の企業が１００年後もある保証はないですし、配当金についても減配や無配となる可能性もあるでしょう。しかし、その逆、増配や企業業績の拡大による利回りの上昇も同じようにありえます。

いかがですか？　なんだかワクワクしてきませんか？

ちなみに、私の祖母は１０５歳ですが、いまだに元気です。耳は遠くなりましたが。平均寿命１００歳という時代は、そう遠くないでしょう。祖母はまだまだ元気ですが、なかには健康をくずしてしまう人だっているはずです。

でも、たとえ働けなくなっても、定期的な収入が入り続けるのが、株式投資の素晴らしいところです。これこそ、本物の資産といえるでしょう。

最後に、もう一つ。この本で伝えたかったメッセージがあります。

それは、「債権者から出資者に変化しよう」ということ。

私も最初は11万円からスタートしました。配当金も１０００円くらいだったでしょうか。正確には覚えていませんが、今では１００万円を超えるまで膨らみました。

まずは一歩、踏み出しましょう。最初の一歩が出れば、あとは自然と動き出します。『ＬＩＦＥ　ＳＨＩＦＴ』のあとがきに、長い人生を生きるうえでは、何かに打ち込み、習熟することが必要だと書かれていました。習熟とは、ある物事に慣れて十分に会得《えとく》するという意味の言葉ですが、そのカギを握るのが、自分ならできるという認識と積極性だそうです。

今度は、この本を手に取ってくれたあなたが、株式投資で成功しましょう。

著者紹介

坂本　彰（さかもと・あきら）

サラリーマン時代に始めた株式投資から多くの成功と失敗を経験し、株で勝つための独自ルールを作りあげる。2009年10月、130万円だった株式資産は2016年に6000万円を突破。定期預金などを合わせた資産は1億円超に。

2012年より投資助言・代理を取得。現在、自身が実践してきた株で成功するための投資ノウハウや有望株情報を会員向けに提供するかたわら、ブログやコラム等の執筆活動も行う。前職はラーメン屋という異色の経歴。

メールマガジン「日本株投資家『坂本彰』公式メールマガジン」は2014年まぐまぐマネー大賞を受賞。読者数2万人超。

『BIGtomorrow』『SPA！』などといった雑誌等のメディアでも紹介多数。

日本証券アナリスト協会検定会員候補。

著書に、『「小売お宝株」だけで1億円儲ける法』（日本実業出版社）がある。

●日本株投資家　坂本彰【公式】ブログ
http://saig.livedoor.biz/
●日本株投資家「坂本彰」公式メールマガジン
http://www.mag2.com/m/0000202500.html

10万円《まんえん》から始《はじ》める「高配当株《こうはいとうかぶ》」投資術《とうしじゅつ》

〈検印省略〉

2017年　5　月　15　日　第　1　刷発行
2020年　4　月　1　日　第　7　刷発行

著　者――坂本　彰（さかもと・あきら）
発行者――佐藤　和夫
発行所――株式会社あさ出版

〒171-0022　東京都豊島区南池袋 2-9-9 第一池袋ホワイトビル 6F
電　話　03 (3983) 3225（販売）
　　　　03 (3983) 3227（編集）
F A X　03 (3983) 3226
U R L　http://www.asa21.com/
E-mail　info@asa21.com
振　替　00160-1-720619

印刷・製本　神谷印刷(株)

facebook　http://www.facebook.com/asapublishing
twitter　http://twitter.com/asapublishing

ISBN978-4-86063-980-8 C2034